基本＋αで身につける

飲食店の好感接客サービス教本

〈付〉シニア客層への接客の要点

月刊近代食堂編集部 編

旭屋出版

好感接客のベースは、基本の接客

　接客サービスの仕事には、基本があります。基本の接客用語、基本の動作があります。基本を守ることは、接客サービスの仕事では最も大切なことです。

　しかし、基本を守るだけでは、好感接客には結び付きにくいものです。では、どうするか。

　差別化を意識して、他の店とは違う接客用語を使ったりする店もありますが、接客の印象を変えることと、好感度を上げることとは別のことです。接客サービスの違いを出すことを優先して、基本から外れたのでは、逆効果です。その店の接客への好感度のベースには、安心感もありますので、驚きやインパクトのある接客からは好感は生まれにくいですし、たとえ、驚きがあったとしても、そういう接客は、すぐに飽きられます。やはり、基本の接客サービスは守った上で、＋αを考えるのが好感接客になります。

好感接客は、テクニックではなく応用力

接客の「基本＋α」は、会話や気配りのテクニックと考えがちですが、テクニックというより応用力と言ったほうがいいでしょう。基本をどう応用するかということです。基本からはずれて、別のことをするのが好感接客につながるのではないのです。

常に接客の基本を守りながら、＋αで何をしたらいいかを考え続ける中から、好感接客は生まれます。

ですから、まずは「接客の基本」を身につけること。基本を覚えて実行して守ることが、基本を身につける近道です。

接客の応用力の源は、プロ意識

基本の接客サービスから好感接客に発展させる原動力になるのは、プロ意識です。飲食店で働くプロの一員として見られる自覚を持つことは大切です。プロとして、こうしたほうがいいのではないか、こうしたらもっと良くなるのではないか、よりお客様に喜ばれるのではないかを考えるのがプロ意識です。このプロ意識から、接客の仕事をすることへの誇りも生まれます。

自分自身の接客力が向上するということは、自分自身の人間力が向上することと同じことなのです。自分自身のために、接客の好感度を高められるようにしていきましょう。

基本＋αで身につける 飲食店の好感接客サービス教本 目次

好感接客キーワードさくいん

あ

か

さ

さ

た

好感接客キーワードさくいん

好感接客memo

第1章

身だしなみは、好感接客の大前提

いい笑顔、いい気配りができても、エプロンが汚れていたり、靴が汚れていると、マイナスの印象のほうが大きくなってしまいます。仕事中も何度か、身だしなみのチェックをしましょう。また、仲間とチェックし合うようにもしましょう。

① 髪型は仕事中はお店のルールで

自分の好きな髪型が、飲食店の接客サービス係にふさわしくないことがあります。派手な染め髪、整髪料で固めた髪型、ハネさせた髪型、また、長い髪を束ねないで働くことは不向きです。

バサバサだったり、他の人が見て不潔感を少しでも感じる髪型は、飲食店では絶対にNGです。

「これくらいは大丈夫だろう」と自己判断せず、店長に確認してもらいましょう。

2 後ろからのお客様の目線でもチェック

身だしなみで盲点になりがちなのが、後ろ姿、背中側です。鏡を見ても自分でチェックしずらいですが、お客様には必ず見られます。

靴のかかとを踏んではいているのは、たいへんだらしなく見えます。ズボンのポケットに入れた携帯電話が飛び出ていたり、ズボンの後ろのポケットのボタンがとれそうになっていると、仕事中はだらしなく見えます。自分で見えないので、油断もしやすいので気を付けましょう。スタッフとお互いに見せあって、後ろ側に汚れやシミがないか、就業前にチェックし合うようにするのも、いいでしょう。

3 爪、シャツのそでをときどき確認しよう

お冷を出したり、メニューブックを手渡ししたり、接客係の人の指、手は、お客様に一番見られるところでもあります。

なので、爪が伸びていること、爪が汚れていること、女性の場合はマニュキュアの色が薄くないことは、悪い印象につながります。一人の人の爪が伸びていても、「この店は、こういうのを許す店なんだ」と、店全体のイメージダウンになります。

手の汚れも同様です。また、シャツの袖口も見られやすいので、袖口の汚れも要チェックです。仕事をしていると、シャツは汚れやすいので、ときどき確認するようにしましょう。

4 エプロン、シャツの汚れは時間ごとにチェック

開店時はきれいでも、仕事をすると汚れてくるのが、エプロン、シャツです。「もう、エプロンは変えたほうがいいかも」というくらいに汚れても、身に着けている人には、そんなに汚れが増した感じはしないかもしれません。なので、エプロン、シャツは、スタッフ同士でチェックし合うようにしましょう。そうすることで、自分では見落としがちな背中側のシャツの汚れ、エプロンの汚れもチェックすることができます。ボタンがとれそうになっているところも、このときチェックしてもらいましょう。

5 ユニフォーム以外も気をつけましょう

規定のユニフォーム以外でも、接客係として気をつけたい身だしなみがあります。靴下、ベルトは、ハデなものは避けましょう。また、ユニフォームの色やデザインと不釣り合いな色の靴下、ベルトも避けましょう。

アクセサリーはネックレスも指輪もしないほうがいいです。髪留めをする女性は、ハデでないものを選びましょう。

メガネをする人は、ハデでないフレームがいいです。色付きのレンズ、カラーコンタクトも避けましょう。

6 靴の汚れもチェックしよう

客席で座っているお客様の視線に止まりやすいのが、接客係の靴です。接客係の靴が汚れていると、だらしないだけでなく、不衛生にも映ります。

開店前はきれいだった靴でも、仕事を始めて動くと汚れることもあります。また、忙しいと、自分の靴が汚れているかどうか、気が回らなくなるものです。スタッフ同士でユニフォームの汚れをチェックし合ったり、時間ごとに身だしなみをチェックする習慣をつけるといいでしょう。

7 整髪料の匂いが強いのはダメ

整髪料の匂い、香水は、接客係の人の印象を悪くします。お客様の食事、飲み物の味わいの邪魔もしますので、お店のイメージも悪くしてしまいます。

屋外では気にならない匂いでも、店内という閉ざされた空間では、近くの人には違和感を感じさせてしまう匂いになることもあります。また、匂いは人それぞれ好みもあります。自分がいい香りだと思っていたとしても、お客様には食事やコーヒーの味わいを邪魔する香りになることが多いです。

8 タバコは、臭いだけも要注意

タバコを吸う人は、自分の服についたタバコの臭いがわからないですが、タバコを吸わない人には、わかります。とくに、タバコを吸った直後は、よくわかります。

休憩時間にタバコを吸うこともあるでしょうが、タバコを吸うときは、トイレに行くときと同様にエプロンをはずしたり、タバコを吸った後に口をゆすいだり、タバコを吸った後にすぐに客席に戻らないようにしたり、臭い対策をしましょう。

9

手に傷をしたら、見えないように

接客係は、お客様から手をよく見られます。手にケガをした場合は、小さな傷でも、傷が見えないように絆創膏を貼ったりテーピングをして傷を隠して仕事をしましょう。

絆創膏をしなくても大丈夫、傷はあるけど見られないだろうと思っても、一瞬でも傷のところが見えると、お客様の気分を害することになるのです。

10 体調不良は、きちんと報告を

接客係の人がときおりセキをしながら、くしゃみをしながら働いているのは、お店の大きなマイナスイメージになります。それだけでなく、風邪かなっと思ったら、インフルエンザだったり、お腹を壊した程度に思っていたら、ノロウイルスにかかっていたり。

他のスタッフにも伝染したり、お客様にも伝染する病気が流行るときもありますので、自分の体調のことは、隠したりガマンしたりせず、正直に店長、経営者に報告して、早めに対応できるようにしましょう。

好感接客memo

第2章

接客サービスの基本用語を上手に使う

接客の6大基本用語は、業種を問わず、すべての飲食店で使われます。つまり、6大接客用語は、その使い方、言い方で、ライバルの店と比較される用語でもあります。単に使えばいいのではなく、使い方・言い方のレベルアップを目指しましょう。

11

6大接客用語は意識して使おう

いらっしゃいませ
かしこまりました
少々お待ちください
お待たせしました
申し訳ございません
ありがとうございます

以上が、６大接客用語です。

接客サービスの基本と言える用語で、全ての飲食店で、セルフサービスの店でも、どんな業種でも使われます。ですから、一番大事な用語です。他の店でも使われる用語だということは、この用語の使い方で、他の店とまず比較されるということです。６大接客用語の使い方で、お店の印象も、サービス係の人の印象も変わります。

６大接客用語は、すべて短い言葉ですが、言い方、使い方を以下のようにいろいろと練習してみましょう。

12

「いらっしゃいませ」を伝える

「いらっしゃいませ」は元気よく言います。明るい声で言いましょう。

自分では、「元気よく」、「明るい声」のつもりでも、そのようにお客様に伝わっていなかったら損ですし、そもそも、「いらっしゃいませ」の声が届いていなかったら、問題です。

「いらっしゃいませ」は、お客様をお迎えする言葉であると同時に、お店に入ってきたことを確認しましたよという合図でもあります。言えばいいのではなく、お客様に合図として伝わるように意識して言いましょう。

「いらっしゃいませ」は、最初の「い」をはっきり言うように意識すると、明るく伝わります。

✕いらっしゃいませ～

語尾を伸ばしたり、語尾にアクセントを置く言い方はやめましょう。

13

「いらっしゃいませ」の使い分け

「いらっしゃいませ」は、お客様との距離で使い分けましょう。離れたところから言う「いらっしゃいませ」は、より元気よく、大きめの声で。正面の位置に立ったお客様には、落ち着いた声で「いらっしゃいませ」。

お子様連れのお客様には、お子様の方にもしゃがんで「いらっしゃいませ」。お年寄りのお客様には、笑顔でお迎えしてから、ゆっくりと「いらっしゃいませ」。

このお客様には、どういう「いらっしゃいませ」が喜ばれるのかを考えて働くと、接客への意識が高まります。

14 いらっしゃいませ＋おじぎ

「いらっしゃいませ」というお迎えの姿勢をよりはっきりとお客様に伝えるためには、お客様のほうに顔を向けて、声が伝わるように言うことです。

そして、お客様の視界に立っているなら、「いらっしゃいませ」を言った後におじぎをし、動作を添えることです。「いらっしゃいませ」という言葉で耳に伝えると同時に、動作を添えて目にも訴えることです。

おじぎをしながら、頭を動かしながら「いらっしゃいませ」を言うのは、ダメな言い方です。

15

「いらっしゃいませ」のタイミング

「いらっしゃいませ」を言う、いいタイミングがあります。

たとえば、のれんがある店では、のれんにお客様が手をかけたところで「いらっしゃいませ」の声をかけたら、お客様はびっくりするかもしれません。同様に、自動ドアが開いたとたんの「いらっしゃいませ」も。

お客様の体が店の中に入ったところで「いらっしゃいませ」を言うのがいいタイミングでしょう。

ただし、駐車場があり、駐車場に車を停めてから店に入るお客様へは、ドアが開いたらすぐに「いらっしゃいませ」で反応するのは、いいことです。

駐車場に車が入ったことを確認し、お客様が店の入口に近づいて来たところで、店内からドアを開けてお迎えするレストランもあります。

16 「いらっしゃいませ」の連携

店の入口から離れたところにいたり、入口が見えないところで仕事をしていても、他のスタッフの「いらっしゃいませ」の声を聞いたら、それは店内にお客様が入ってきたサインです。そのときは、他のお客様への接客中でないなら、入口のほうに顔を向けて「いらっしゃいませ」と言いましょう。一人の「いらっしゃいませ」より、スタッフ全員の「いらっしゃいませ」のほうが、お客様への好感度は上がります。店の活気も伝わります。

もし、接客係が一人の場合で、居場所によってはお客様が店に入ってきたことを見落とす可能性がある場合は、入口ドアにベルを付けたりする対応をしましょう。

17 いらっしゃいませ。こちらにどうぞ

空いている席、ご案内したい席がある場合は、「いらっしゃいませ」を言ってからご案内します。このとき、手のひら全体で案内する席の方向を示します。手のひらは頭の位置より低く示したほうがいいでしょう。頭の位置より高く示すと雑に見えがちです。また、決して指をさして示してはいけません。

手のひらでご案内する方向を示すと、お客様の視線は、あなたに注がれます。手のひらで示しながら、笑顔も忘れないようにしましょう。

18

いらっしゃいませ。恐れ入りますが、ご予約はいただいてますでしょうか。

予約を受けている店では、予約客であるかどうかを来店時に確認します。とくに、19時とか、18時30分とか、お客様が予約を入れやすい丁度の時間、30分の時間の前後に来店したお客様は確認が大切です。

この予約をしているかどうかを確認するとき、「恐れ入りますが」と、やんわりした言い方がいいのです。

×いらっしゃいませ。ご予約のお客様でしょうか

このズバリの言い方だと、「当店は予約したお客様しか入れません」というニュアンスを伝えてしまう恐れがあります。

「恐れ入りますが、ご予約はいただいてますでしょうか」と尋ねて、もし、予約客ではなく、席も満席の場合は、「あいにく本日は満席でございまして、申し訳ございません」と丁重に対応することができます。「恐れ入ります」を使わないと、続ける「本日は満席でございます」が、つっけんどんに聞こえるおそれがあります。

19 いらっしゃいませ。ごゆっくりどうぞ

お客様から見えない場所にいても、スタッフの「いらっしゃいませ」の声を聞いたら、それに続いて「いらっしゃいませ」を言いましょう。離れた場所からは、「いらっしゃいませ」だけでなく、「いらっしゃいませ。ごゆっくりどうぞ」と、文言を少し長くすると、お迎えの言葉が離れたところからもかけられていることをお客様に気づいてもらいやすいでしょう。

お客様から見えないところにいたら、「いらっしゃいませ」を言わなくても、来店したお客様にはわからないでしょうが、「いらっしゃいませ」を言わない姿を他のお客様が目に止めるものです。

来店するお客様をいつもスタッフ全員がお迎えする店であることをアピールできると、お店の好感度が上がります。スタッフの発する「いらっしゃいませ」には、敏感に反応できるようになりましょう

20 もう一度「いらっしゃいませ」

お客様が店に入ってきたときに「いらっしゃいませ」を言います。そして、席へ案内し、お冷やを出す前にもう一度、「いらっしゃいませ」を言いましょう。一度言ったから省くのはダメです。「いらっしゃいませ」は、お客様が店に入って来たときと、席に着いているときと、2回伝えましょう。

席に着いたお客様への「いらっしゃいませ」は、「これからおもてなしさせていただきます」という合図の意味合いが強くなります。お客様の顔を見て、笑顔で言います。「いらっしゃいませ」を言い、軽くおじぎもします。

21 いらっしゃいませ+マニュアル

「いらっしゃいませ」は、全ての飲食店、全ての業種で共通して使われますので、それだけでは、特徴は出しにくいです。そこで、「いらっしゃいませ」にひと言そえるようにするのもいいでしょう。

「いらっしゃいませ」に添えるひと言は、その場その場で考えるのは、たいへんです。人によって、ひと言が変わるのも、おかしいです。あらかじめ決めておき、「いらっしゃいませ+ひと言」を店のマニュアルにするのもいいでしょう。

このように「いらっしゃいませ」に、一言を添えて言うことを店の決まりにしたら、もちろん、スタッフ全員で言うことを守りましょう。ひと言を添える人と添えない人がいたり、ひと言添えない日があると、余計に店の印象は悪くなります。

22

ようこそいらっしゃいませ。いらっしゃいませ。ご来店ありがとうございます

23

いらっしゃいませ＋おはようございます

「いらっしゃいませ」のあとに、あいさつの言葉を添えるのは、親しみが増す言い方になります。とくに、「おはようございます」は言いやすいです。常連客に「こんにちは」、「こんばんは」だけを言うのは、他にお客様がいないならいいですが、他のお客様がいたら、そのなれなれしさが不快感を与えるかもしれません。

常連客にも常に、

おはようございます。いらっしゃいませ

と、「いらっしゃいませ」を意識して言うようにして、けじめをつけることも大切です。

24

おはようございます
こんにちは
こんばんは

店の外を掃除したり、店の窓を外から拭いたりするときには、店の前を通る人に、あいさつしながらやりましょう。

あいさつをすることで、店の存在を知ってもらえます。掃除をしている姿を目に止めてもらえるので、清潔な店であることもアピールできます。明るく元気にあいさつすれば、明るい店であることもアピールできます。

店の外を掃除することも、接客サービスの仕事の一部なのです。

25

いらっしゃいませ。いつもありがとうございます いらっしゃいませ。いい天気ですね

などもも、常連客向けにいいでしょう。ただし、天気の話題をするときは、「今日は1日雨のようですね」とか「風が強いですね」とか、イヤなイメージを思い浮かばせるような言葉は、添えないようにしましょう。これからくつろごうとしているお客様へは、マイナスイメージの言葉はかけないようにします。これも気配りです。

26 ご注文をおうかがいします ご注文はお決まりでしょうか？

オーダーを受けるときには、まず「ご注文をおうかがいします」とお客様に声をかけます。この言葉は、「注文をお受けする準備ができています」という合図でもあります。伝票を手にして黙って立っているのは、お客様の居心地を悪くしてしまいます。決めるのに少しかかりそうなら、「ご注文が決まりましたら、お呼びください」と声をかけ、おじぎをして席を離れます。おじぎをしないで立ち去ると、ぶっきらぼうに見えるので、おじぎをして、席を離れましょう。

27

ご注文がお決まりになりましたら、お呼びください

メニュー表を見て迷っているお客様には、「ご注文がお決まりになりましたら、お呼びください」と言ってから席を離れます。長く立って待つのはプレッシャーになります。席を離れるときは、軽くおじぎをします。

しかし、「お声がけください」と言っても、お客様から声がかかるのを待ってはいけません。店内で声を出してスタッフの人を呼ぶのに、抵抗がある人も多いのです。注文が決まったかどうかは、お客様の様子を見ればわかるでしょう。お客様に呼ばれる前に察して席にうかがえるように注意をしましょう。

28

復唱します

注文を受けたら、その場で復唱をして確認します。
その場合、「ブレンドをおひとつ、レモンティーをおひとつ」と、数も確認します。
復唱したら、

以上でよろしいでしょうか？

と最後にも確認します。
確認してもらったら、

ハイ、少々お待ちください

と言って席を離れます。

29 コーヒーは先にお持ちしますか？

セットメニューで選んでいただいたコーヒーや紅茶は、料理の先にお持ちしたほうがいいかをお聞きします。

×コーヒーは食後にお持ちしますか？
×コーヒーは料理と一緒にお出ししていいですか？

とは、聞きません。

コーヒーを先にお出しすることもできますよ、ということを告げるほうが親切なので、「コーヒーは先にお持ちしますか？」と尋ねます。

30

こちらが今月のおすすめです
そちらにも季節のメニューがございます

レギュラーのメニュー表以外に、日替わりメニュー、季節のメニューの差し込みメニューや、おすすめメニューのPOPを貼っている場合は、そちらもご案内します。

ご案内するメニューは、「どんな味なの?」とか、お客様から尋ねられることが多いものです。お客様からの質問を想定し、答えられるようにしておきましょう。

カフェラテお待ちどうさまでした

ご注文の品をお客様にお出しするときに、

×カフェラテのお客様はどちらでしょうか？

と尋ねてから提供するのは、いい接客サービスではありません。尋ねないで、カフェラテを注文されたお客様に「お待ちどうさまでした」とカフェラテを提供するのが、大切です。7人、8人以上のグループ客に提供するのでなければ、手前右のお客様の注文は何で、手前左のお客様の注文は何でと、注文を受けると同時に覚えましょう。間違えないように伝票に席の位置を示す記号を付けてもいいでしょう。

32 ハイ、かしこまりました

「お冷やください」

「メニュー表を見せてください」

など、お客様からの要望に応える接客用語が「かしこまりました」です。

これに「ハイ」を付けると、「確かに承りました」という意味合いが出て、よりていねいな受け答えに聞こえます。

「ハイ、かしこまりました」で、セットにして言えるようにしましょう。

33

ハイ

ご注文は、お決まりでしょうか?
ご注文は、以上でしょうか?
ご注文の品はおそろいでしょうか?
お客様にお尋ねし、その返答に対しての返事には「ハイ」を付けましょう。

ご注文は、お決まりでしょうか?

ハイ、おうかがいします

ご注文は、以上でしょうか?

ハイ、では復唱いたします

ご注文の品はおそろいでしょうか?

ハイ、ごゆっくりどうぞ

34

少々お待ちください
少々お待ちくださいませ

注文を受けて席を離れる前に、言うのが、「少々お待ちください」です。無言で離れるよりていねいです。「少々、お待ちください」と言われるとお客様は安心するので、６大接客用語に入っています。

必ず、「少々」を付けます。「お待ちください」では、ぶっきらぼうです。横柄に聞こえる怖れもあります。

35 ハイ、少々お待ちください

お客様に呼ばれて、すぐに席までうかがえないときは、「ハイ」を付けて、「ハイ、少々お待ちください」と言います。「ハイ」を付けないで離れた場所から「少々お待ちください」と少し大きな声で言うと投げやりな返事に聞こえやすいので、「ハイ」を付けたほうがいいのです。

席を離れるとき、ゆっくりと言うときには「少々お待ちくださいませ」。呼ばれてすぐにうかがえなくて、離れた場所から少し大きな声で言うときには「ハイ、少々お待ちください」と、語尾の「ください」と「くださいませ」を使い分ける店もあります。

36 お待たせしました

要注意なのは、「少々お待ちください」と言えば、お客様は辛抱強く待ってくれるわけではないということです。なるべく早く対応するようにすることはもちろん、おうかがいするときは、たとえすぐに対応したとしても、「お待たせしました」を言いましょう。「少々お待ちください」と「お待たせしました」はセットの接客用語ですから、「お待たせしました」も基本の6大接客用語に入っています。

すぐに対応できなくて、待たせてしまった場合には、「お待たせしました。申し訳ございません」と謝ります。

✕ お待たせしてすいません。人手が足りないもので

とか、「急ぎの電話がかかってきたもので」とか、言い訳をするのは禁物です。言い訳すると、よけいに印象は悪くなります。とにかく、謝るだけにすることです。

37 お待たせしました。申し訳ございません

38

今日は、お待たせして申し訳ございませんでした

「お待たせしました。申し訳ございません」は、一回言って終わらせないことです。そのお客様が帰るとき、会計のときにも、もう一度「今日はお待たせして申し訳ございませんでした」と謝りましょう。もう一度、間を開けて言うことで、反省していることを伝えられます。

会計は別の人が担当するので、伝票にスタッフだけがわかる符号を付けたり、会計担当の人に、「何番テーブルのお客様は少し長く待たせてしまった」ことを事前に伝えて、会計の人から「本日はお待たせして申し訳ございませんでした」と謝れるようにしている店もあります。

39 失礼します。お待たせしました

客席でお客様が会話をされているとき、その間に立って、唐突に「お待たせしました」と料理や飲み物を提供したのでは、会話の腰を折られるような不快を感じさせてしまいます。

そこで、「失礼します」と声をかけてから、「お待たせしました」と言います。「失礼します」は、「これからサービスをします」という合図であり、接客係である自分の存在に気付いてもらう合図の言葉です。

40

失礼します。通ります

通路にいらっしゃるお客様の後ろを通るときや、そばを通るときには、ひと声おかけして通ります。無言で通るのは、危険です。自分が通ることに気付いていることがわかっていても、確認の意味で、「失礼します。通ります」と、ひと声かけてから通ります。それも、ゆっくり、はっきりした声で。早口で言うと「どいて」というニュアンスが出てしまいます。

×通ります

「通ります」とだけ言うのは、乱暴な言い方に聞こえるかもしれないのでやめましょう。

✕すいません

「すいません」だけでも、どうして「すいません」と言っているかが伝わりにくいので、やめましょう。

✕すいません。通ります

「すいません。通ります」は、自分の行動を優先したい言い方に聞こえがちです。やはり、「失礼します。うしろ通ります」という言い方がいいです。

41

恐れ入ります

「空いたお皿を下げてもよろしいでしょうか」とか、「伝票、お預かりします」と、お客様にうながす前に「恐れ入ります」を付けると、やんわりした言い方になります。「失礼します」も、同様に、最初に付けると、やんわりとした言い方になります。

普段の友達や家族との会話では、「失礼します」「恐れ入ります」は、使わないことばですが、接客中では、使うとていねいさがよく伝わりますので、慣れるまでは、意識して「恐れ入ります」「失礼します」を使うようにしましょう。

42 お待たせしました＋ごゆっくりどうぞ

「お待たせしました」は、「できあがりました」、「今からお出しします」の合図の言葉です。注文の料理を提供して、そのまま無言で席を離れるのは不愛想な感じも与えてしまいます。なので、「ごゆっくりどうぞ」のひと言を添えて席を離れます。「席を離れます」の合図ですが、お客様が召し上がる直前ですので、早口で言うのは禁物。「ごゆっくりどうぞ」ときちんと言ったら、ゆっくりおじぎをして席を離れましょう。

43

お待たせしました+以上で、ご注文の品はおそろいでしょうか

注文を受けた品を出し終えたら、必ず確認をしましょう。全部出したつもり、注文したつもり、というお客様と接客係のお互いの思い違いが一番危険です。たとえ、注文を受けたのが1品でも、「以上で、ご注文の品はよろしいでしょうか」と確認しましょう。追加での注文があるかもしれません。

「お待たせしました」の声がかかると、これから出されるものへお客様の気持ちが移ります。そこに合わせて、器が熱いもの、料理が熱いものに注意してもらうひと言を合わせて添えます。

逆に、冷めると味が落ちるのもは、

お待たせしました。温かいうちにお召し上がりください

と、お店からのおいしい食べ方をお知らせしましょう。

44 お待たせしました。お熱いのでお気をつけください

45 お下げしてもよろしいでしょうか

お客様が食べ終えたお皿は、下げる前に必ずひと言、おかけします。下げていいかどうかを確認し、了解をいただいてから手を伸ばします。つい、やりがちなのは、皿に手を伸ばしながら、「お下げしてもよろしいでしょうか」と言ってしまうことです。食べ終わったことは明確だからと、ひと言と動作を一緒にしてしまいがちです。

さげてもいい了解をお客様からいただいたら、改めて、

お下げします

と声をかけながら、ここで手を伸ばしてお皿を下げます。

「お下げしてもよろしいでしょうか」は、食べ終わってくつろいでいらっしゃるお客様を邪魔しないようにかける言葉でもあります。お客様が談笑しているときなら、皿を下げるタイミングをずらしたほうがいいでしょう。

46

お待たせしました。お好みでこちらのソースをおかけください

提供するときに、そのメニューの食べ方の説明を添えたほうがいいものは、言います。このひと言を添えるタイミングも、「お待たせしました」に続いてがいいでしょう。

テーブルの上に並んだ調味料の説明が必要なときも、料理の提供が終わったら説明をします。

47 申し訳ございません

謝罪する場面だけでなく、いろいろな場面で「申し訳ございません」は使います。
注文を受けたものが、厨房にオーダーを通したら、品切れだとわかったとき、

申し訳ございません。ご注文の○○○は本日、品切れとなっておりました

注文の品が出てくるのが遅く、「まだですか」とお客様から催促されたとき、

申し訳ございません。ただ今、確認してまいります

48

申し訳ございませんが、携帯電話の店内でのご使用はご遠慮いただけますでしょうか

店内で携帯電話で大きな声で話しているお客に対しても「申し訳ございませんが」を使います。

心がこもった「申し訳ございません」の言い方がいいのですが、言い方は難しいものです。なので、いろいろな場面を想定して、「申し訳ございません」の言い方を練習しましょう。練習して、「申し訳ございません」を使い分けられるようになりましょう。

49 ありがとうございます

お客様をお見送りするときの接客用語です。来店していただいた感謝の気持ちを伝える言葉です。

「ありがとうございます」は、相手をいい気持ちにさせる言葉ですので、はっきりと言いましょう。そのためには、下を向いたまま言ったり、横を向いて言ったりせず、お客様の顔を見てハリのある声を意識して言います。

他のスタッフの「ありがとうございます」の声が聞こえたら、お客様が帰る場面であるサインです。入口から離れた場所にいても、続いて「ありがとうございます」を入口に向かって言いましょう。

50 ありがとうございました

「ありがとうございます」は、お帰りになるお客様に感謝の気持ちを伝えて、心地よく帰っていただくための接客用語ですが、それだけでなく、店内にいらっしゃるお客様にも、居心地の良さを感じてもらえる言葉でもあります。

他のスタッフの「ありがとうございます」の声に連動して言おうとしたら、お客様はすでに店を出た後だったという場面でも、「ありがとうございます」、「ありがとうございました」はハリのある声で言いましょう。帰るお客様に聞こえないのだから言わなくてもいいのではなく、店内の雰囲気を良くするため、店の接客係全員の印象が明るくなるように、「ありがとうございます」、「ありがとうございました」を言いましょう。

51 ありがとうございます＋おじぎ

会計のあとや、帰ろうとするお客様の近くで「ありがとうございます」を言うときは、お客様の目を見て言いましょう。

お客様の近くで「ありがとうございます」を言ったら、ゆっくりとおじぎをします。お客様の近くで言うときには「ありがとうございます＋おじぎ」で、接客用語と接客動作はセットです。

52 ありがとうございます。お気をつけて

「ありがとうございます」は、お客様の耳に届くように言います。「いらっしゃいませ」と同様です。

ありがとうございます。お気をつけて
ありがとうございます。またお待ちしております
ありがとうございます。またおこし下さいませ
ありがとうございます。いってらっしゃいませ

など、「ありがとうございます」に続けるひと言は、ワンパターンでないほうが、気持ちが伝わりやすいので、いろいろ言えるようにしましょう。

第3章

開店前の準備で、接客の好感度アップ

開店前のあわただしい中で、きちんとチェックしたいところがいくつもあります。場所ごとにチェックリストを作って、確認漏れがないようにしましょう。

53

店頭、看板、入口をチェック

入口、看板が汚れていたりする店には、お客様は入るのをためらうものです。また、店のせいでもなく、入口前にタバコの吸い殻が落ちているのも、店の印象につながります。

こまかいことですが、営業中の札がゆがんでいるのも、気にしないお客様はいますが、気にするお客様はゼロではありません。開店前に店頭、入口、看板が「いつもの状態」であるかどうかをチェックしましょう。

看板の電球が切れているのにずっと気が付かなかったという例は、よくあります。看板に関しては、店を開ける前と閉めるときの両方、確認をしましょう。

54 メニュー表の汚れをチェック

客席に置いてあるメニュー表、来店したお客様に手渡しするメニュー表、ともにお客様が一番最初に手に取るものです。

ですから、汚れていないか、傷んでいないか、毎日、開店前にチェックしたいものです。

メニューブックの場合は、中のページで汚れているところがあるかもしれません。最も、お客様が見る場面が多いのが、メニュー表、メニューブックですから、開店前にはチェックしたいです。

55 お冷やのグラスをチェック

お冷やのグラスも、お客様が来店してすぐに手にするものの一つです。お冷やのグラスの縁がチップしていたり、小さなヒビが入っているのは見落としやすいですが、お客様は敏感に発見します。

「コップにヒビが入っているので交換してください」とお客様に言わせるようなことがあったら、その声は、隣の席にも聞こえる可能性大です。

コップの小さなヒビも、悪印象の波及は大きいので、毎日、開店前にお冷やのグラスのチェックはきちんとしましょう。

56

「日替わり」をチェック

メニュー表やPOPに、「日替わり」とあったり「本日のおすすめ」とあると、お客様からの質問を受ける確率がグンと上がります。質問を受ける前に、まず、説明をするのがいいでしょう。その説明をするときに、どう説明するのがいいか、何をまず説明するのかは、スタッフで統一できていたほうがいいので、開店前に打ち合わせをして、同じように説明できるようにしましょう。

材料の産地のことを尋ねるお客様は増えているので、「今日のはどこ産なのか」を確認しておきましょう。いつも産地は同じではない可能性はあるので、毎日、確認しましょう。

57 テーブルのぐらつきをチェック

接客係の人は、お店の客席に座ることは、めったにないと思います。客席で食事をすることもめったにないかもしれません。だから、気が付きにくいことがあります。それは、テーブルのぐらつきです。テーブルの脚の下にぐらつきを調整するものが付いていますが、掃除のときに動かしたりするうちにズレて、ぐらつきが生じるようになります。

テーブルがぐらつく、イスがぐらつくのは、食事中、くつろぎ中のお客様にはたいへんイライラさせてしまいます。開店前にテーブルのぐらつきがないか、イスのぐらつきがないか、一つひとつのテーブル、イスをチェックすることを習慣にしましょう。

58 テーブル調味料の容器をチェック

客席に、塩や醤油、ソースを置いている店では、それが充分に満たされているかを開店前に確認します。

醤油の容器がカラになったら、呼んでくれるだろうと思っていてはダメです。「すいませんー！」と店内で声を出すことは、お客様にとって、たいへん勇気がいることなのです。勇気を振り絞って従業員の人を呼んだ人は、その体験のあと、「もう、この店には来たくない」と思うものです。そういうお客様は決して一部ではありません。開店前にテーブル調味料のチェックをするだけで、お客様を手こずらせないのですから、確認をしましょう。

59 トイレットペーパーのチェック

トレイレットペーパーが足りているか。補充するトイレットペーパーはわかりやすい場所にあるか、また、トイレの手洗いの洗剤は充分か、トイレのゴミ箱がきれいかは、開店前にチェックしましょう。午前中の来店客、ランチのお客様に、「この店のトイレはきれいでない」という印象を与えては、店のファンを決して増やしていけません。

60 レジまわりのチェック

会計のときにあわてないように、領収書がいつものところにあるか、また、ボールペンは近くにあって、インクがかすれたりしないかを開店前に確認する習慣をつけましょう。

おつりを渡すときのキャッシュトレー（カルトン）が汚れていないかを確認します。また、レジのところにショップカードを置いている店では、ショップカードが充分に置いてあるかも確認します。

好感接客memo

第4章

店内ではダメな姿勢・態度

開店前の準備が好感接客につながるように、接客をしていない場面も、好感接客には大切です。接客をしていないときに、マイナスの印象をお客様に与えないように意識しましょう。

61 ✕よりかからない

壁によりかかったり、カウンターによりかかったりすることは、お客様がいないならいいわけではありません。

一度やってしまうと、つい、無意識でやってしまうことがあるので、やめましょう。

お客様がいない場面でも、店に入ってきたお客様に一瞬でも見られたら、店の印象は悪くなります。

62

×腕組みする
×腰に手を当てる
×ポケットに手を入れている
×後ろ手に組む

手を組んだり、ポットに手を入れたりしている姿は、動くのを拒否する態度にお客様には映ります。横柄な態度にも映ります。

一度でも、こういう態度をしているところを客席からお客様に見られたら、そのお客様は用事があって声をかけたくても、あなたには、なんとなく声をかけずらくなるものです。

63 ×うつむいた姿勢 ×携帯電話を見る

待機しているときに、うつむいていては、来店したお客様に気が付かないこともありますし、手を上げて従業員を呼ぼうとしているお客様にも気づかないことがおきます。

仕事中に、客席から見えるところで携帯電話を見ることはダメですが、うつむいている姿は、携帯電話を見ているとお客様に思われる可能性も大です。

「うつむく」というのは、無意識にしてしまう動作なので、客席から見える場所ではしないように、意識するようにしましょう。

64

×セキをする
×くしゃみをする

いまのお客様は、清潔・衛生にたいへん敏感です。セキをする、くしゃみをするということも、極力、客席ではしないようにしましょう。また、セキ、くしゃみが出そうなときは、ハンカチで口元を押さえましょう。なので、ハンカチは必ず携帯しましょう。連続してセキ、くしゃみがでそうなときは、セキ、くしゃみの音が客席に聞こえない場所に移動するようにしましょう。

花粉症の人が多いですが、マスクをして接客の仕事をするのは、風邪の誤解も受けます。「花粉症です」という名札を付けて対応する店もありますが、風邪でマスクをしているのではないことをお客様にわかるようにするのが基本です。

65

×髪をさわる
×頭をかく
×鼻をいじる
×耳をほじる
×額の汗を手でぬぐう

いまのお客様は、清潔・衛生にたいへん敏感です。頭、顔に手をやるのは、一瞬のことかもしれませんが、それをお客様に見られると、悪いイメージはずっと続きます。

無意識にやってしまうことも多いので、強く意識して、客席から見えるところではやらないようにしましょう。

66

××眉間にしわ あくびをする

笑顔の接客、さわやかな接客をお客様は求めています。そんな接客をまた受けたいので、そのお店に通いたくなるのです。

笑顔、さわやかさの真逆の表情と言えるのが、眉間にしわ、あくびです。あくびは無意識に出てしまうこともあるので、意識して客席から見えるところではしないようにしたり、あくびが出そうなときは、身体の向きを変えたり、隠れたりするようにしましょう。

67

×うすら笑いをする
×大笑いする

笑顔は、接客サービスをする上で大切ですが、笑い声、ニヤニヤした笑い顔は、お客様から誤解を受けるのでやめましょう。客席から見えないところから笑い声が客席に聞こえるというのも、悪い印象につながります。

緊張感なく働いている感じ、ふざけている感じに取られるのが、笑い声、ニヤニヤした笑い顔です。

68

×口に手を当ててひそひそ話をする

小声でスタッフ同士で話したり、伝達事項を伝えるのは大丈夫ですが、口に手を当てて、ひそひそと話すしぐさは、それを見たお客様に誤解されるおそれがあります。お客のウワサ話をしているのではないか、聞かれたくないことを話しているのではないか。考え過ぎと思うかもしれませんが、万が一でも誤解を受けるかもしれない所作、しぐさ、態度は、客席ではしないほうがいいのです。誤解から店の接客のイメージが悪くなったのでは、損です。

69

×飲む、食べる
×ガムを噛む
×タバコを吸う

仕事中に何かを飲んだり、食べたりしているところをお客様に見られるようなことがあってはいけません。口を動かしてモグモグしているところを見せてもいけません。

店の外ならいいわけでもなく、ユニフォームを着ているなら、店の外でタバコを吸ったり、店の前でガムを噛んで休んでいる姿も、店の悪印象につながります。

70

××私用電話
店の近くで携帯電話

仕事中、店の電話での私用電話も、自分の携帯電話で話しているところも、お客様に見られないようにします。店のユニフォームを着ていたら、店の近くで携帯電話で話すのも、やめましょう。

お店の電話で話していても、友達と話していることは伝わるものです。子機を持って、客席に背を向けて話せばわからないと思う人もいますが、客席に背を向けていては、お客様が入ってきたことに気づかないこともありますし、手を上げたり、従業員の人を呼ぼうとしているお客様に気づかないことにもなります。

71

✕ 客席に座る

お客様がいないからといって、営業時間中に客席に座ったり、カウンター席に座るのは、やめましょう。

客席に座っていると、お客様が店に入ってきたときに立ち上がることになります。必ず、客席に座っていたところをお客様に見つかることになります。客席に店の人が座り込んでいる店に、いい印象をお客様は持ちません。初めて来店したお客様なら、「この店選んで失敗した」と思う可能性が大です。

72

✕ 賄いの匂い ✕ 厨房の雑音

スタッフが賄いを食べているときの匂いが客席に漂っている。また、厨房で食器を洗っている音、カウンター内で食器を洗っているときのガチャガチャとした音が聞こえるのは、お客様には不快の素です。

それは厨房スタッフのせいで、自分はホールの担当だから関係ないとしては、いけません。お客様にとって不快になる要素に気づいて改善することも、接客の仕事です。

73

××すいませーん やってますか？

待機の状態のとき、お客様に言わせてはいけない文言があります。それは、「すいませーん」と従業員を呼ぶ声と、店を入ってきたお客様の「やっていますか？」です。

「すいませーん」と声に出して呼ぶ前に、お客様は、従業員の人がどこにいるかキョロキョロします。また、声を出さないで、まずは手を上げて従業員の人が気づいてくれることを待ちます。それでも気づいてくれないときに、「すいませーん」と声を出します。そうなる前に気が付くようにするのが、好感接客サービスです。

また、店に入ってきて、「いらっしゃいませ」の反応がないから、「やってますか？」、「いいですか？」とお客様は聞いてきます。この2つの文言は、お客様に言われないようにしましょう。

第5章

注文を受けるときに大事なこと、ダメなこと

注文を受けるときは、お客様から一番、注目される場面です。間違いのないように注文を受けることは基本ですが、それ以上に、お店でのひとときを楽しんでもらう、そのスタートの場面ですので、好感接客ができるようになりたいです。

74

オーダーは復唱する

オーダーを受けたら、注文の品に間違いがないか、復唱して確認します。

このとき、復唱するメニュー名は、略さないようにします。似たメニュー名のものを注文したつもりのときもありますし、聞き違いも確認するためです。

復唱したら、「以上でよろしいでしょうか」と、確認をします。

75 かしこまりました。少々お待ちください

オーダーを受けて、それを復唱して確認し、「以上でよろしいでしょうか」としめくくったら、「かしこまりました。少々お待ちください」と言って席から離れます。「かしこまりました」だけでなく、また、「少々お待ちください」だけでもないほうがいいです。「かしこまりました。少々おまちください」と、セットにして言うようにしましょう。

76

注文を受けたメニュー名を略称や符号で言い換えない

お客様「ブレンドください」

×ハイ、ホット一つですね

お客様「牛丼のサラダのセットください」

×ハイ、牛サラセットですね

メニュー表に書いてあるメニュー名を、スタッフ同士では略称で呼んだり、独特の符号で呼ぶこともあるでしょうが、それをオーダーを受けるときにお客様に言ってはいけません。お客様はメニュー表を見て注文しているのですから、メニュー表に書いてあるメニュー名をきちんと復唱して確認しましょう。

77 品切れのものは事前に確認

オーダーを受けて、厨房にオーダーを通したら、その料理は本日は品切れになっていた、というのはまずいです。オーダーを受けたときに、すぐに「申し訳ございません。本日、その品は売り切れになっております」と答えるか、オーダーを受ける前に品切れのものがある場合は、説明するのが正統な対応です。

品切れになるかもしれないメニュー、個数限定で売るメニューがあるときには、営業時間中に、厨房のスタッフとこまめに確認し合うようにしましょう。

78 提供に時間のかかるものは、了承を

お客様からのクレームで多いものの一つに「出てくるのが遅い」ということがあります。たとえ、メニュー表に「調理に時間がかかります」と書いてあったとしても、お客様は読んでいない可能性もあります。提供に時間のかかるものは、オーダーを受けたときに、その旨を伝えて、ご了承を得るようにします。どのくらい時間がかかるかは、具体的なほうがいいです。ただし、あまりサバ読まないようにしましょう。「10分ほどかかります」と伝えて15分を超えると怒るお客様もいます。混んでいるときには何分かかって、通常は何分かかる料理なのか、提供に時間のかかるメニューについて知っておきましょう。

79

「日替わり」、「本日のおすすめ」は説明できるように

日替わり定食など、「日替わり」のものは、オーダーを受ける前に、「本日の日替わり定食は、何と何の料理です」と説明をします。お客様から「日替わりは何ですか」と尋ねられてから答えるのは、いい接客ではありません。

同様に、メニューPOPや黒板に「本日のおすすめ」とあると、そのメニューについて尋ねられるケースが多くなります。どんな味なのか、苦手な食材が入っていないかなど。そのつど、「店長に聞いてきます」、「厨房のものに聞いてきます」では、興ざめです。何を注文するかを選ぶことは、お客様の楽しみなのですから、その楽しみの場面を台無しにしないよう、質問を受けやすい「日替わり」や「本日のおすすめ」のメニューについては、くわしく説明できるようにしましょう。

80

「オリジナル」「自家製」は、特徴を説明できるように

「日替わり」、「本日のおすすめ」と同様に、お客様からの質問を受けやすいのが、「自家製」、「オリジナル」、「特製」とメニュー名に付いている料理です。

「この、特製サラダは、どんなサラダなの？」というお客様からの質問に対して、「当店のシェフの得意メニューです」と答えるのは間違いです。お客様が知りたいのは、自家製は、どこが違うのか。オリジナルでは、他の店とはどこが違うのか。特製は、どういう個性があるのか、ということです。

81

「早くできるのは何？」「何がおいしいの？」に答えられるように

お客様からよく聞かれる質問に、「早くできるものは何？」、「おすすめは何？」があります。

「早くできるものは何？」と聞かれて、えーと何かなあと、考え込んでは、お客様は「この店は大丈夫かな」と不安になります。

「何がおいしいの？」と聞かれて、「全部おいしいです」と答えるのも、お客様は、「そうじゃなくて、おすすめを聞いているのに」と拍子抜けに思います。

何が早く出せるか、今日のおすすめは何か、聞かれたら即答できるように答えを準備しておきましょう。

82 食材の産地を聞かれたら

メニューに使っている野菜の産地、魚の産地がどこなのかを気にするお客様は増えています。具体的に産地名をメニュー表に書いてあれば聞かれないですが、「国産」とだけ書いてあったり、「旬の」と書いてあると尋ねられる確率が高まります。産地の表示がない場合も尋ねられることが多くなっています。

とくに、「おすすめ」や「今月の限定メニュー」と表示してあると尋ねたくなるお客様は増えますので、使っている野菜、魚介、肉の産地を聞かれたら答えられるように準備しておきましょう。

好感接客memo

第6章

後片付けの様子は見られてます、聞かれてます

待機の姿勢がお客様から見られているのと同様に、後片付けの様子も見られています。後片付けするときの音も聞かれています。そして、それが接客係の人のマイナス印象を生むことにもつながるので、注意しましょう。

83

ガチャガチャ、音を立てない

皿を重ねたり、皿の上にフォークやスプーンをまとめるときは、音を立てないように気をつけます。ガチャガチャ、カンキン、キンカンの金属音は、不快にさせる音です。よく響くので、離れた席のお客様も不快にさせてしまいます。

後片付けのときの音が響くと、その人は乱暴な接客をするというイメージも生まれます。注意すれば音を立てないで片付けはできますので、音を立てないように意識しましょう。

84 おしぼりでテーブルを拭かない

お客様が帰った後、お客様に提供したおしぼりで、テーブルを拭くというのは、やりがちです。

でも、それを見たお客様の印象は、かなり悪いです。まず、お客様が使ったおしぼりを素手で触るという行為。清潔に敏感な人は増えていますので、その行為を不潔に感じるお客様は多いです。誰かが使ったおしぼりでテーブルを拭いた後に、その席に着きたくない、そんなテーブルで食事したくない、コーヒーを飲みたくないという人が現代は非常に多いのです。専用のダスターと、専用の洗浄スプレーできれいにするようにしましょう。

85

食べ残りを客席で皿にまとめない

お客様が帰った後、皿を下げるときに、皿の上に残ったものを1つの皿にまとめて、皿を重ねて運ぶことも、よくあります。ただ、食べ残しを1つにまとめる作業は、お客様に見せたくない作業です。また、食べ残しをたくさんのせた皿を運ぶ様子も、お客様に見せたくないものです。3~4皿分の食べ残しを1つの皿にまとめても、それを見たお客様は、「たくさん食べ残す人が多い店なんだなあ」と思うかもしれません。

忙しいときほど、片付けは1度で済ませたいですが、忙しい時間帯だからこそ、食べ残しを客席でまとめたり、まとめて下げることがお客様から見られるので、注意しましょう。

86 客席の下にゴミが落ちていないか、確認

後片付けは、器、皿を下げることだけでなく、次に座るお客様のために席を調えるための作業です。

テーブルの上だけに目が行きがちですが、テーブルの下、イスの下にゴミが落ちていないかもチェックしましょう。席に着くとき、お客様にはイスの下も視界に入ります。おしぼりのビニールの袋の切れ端が落ちていたり、パンくずが落ちていたりしないか、後片付けをしながら確認しましょう。

87 後片付けしながらも、客席を気にしよう

用事があるお客様は、自分の席の一番近くにいる従業員の人を呼ぼうとします。その人は、客席で後片付けをしている人であることも多いです。近くなので、「すいませーん」と声を出さなくても、手を上げればすぐ気が付いてくれるだろうとお客様は思います。

ところが、後片付けをしている人は、後片付けに集中している人が多いものです。「すいませーん」とお客様が呼んでも、自分は別の仕事をしているのだから、お客様の声には他の人が対応してくれるものだと思う人もいます。しかし、お客様が呼んでいるのは、近くにいるあなたなのです。後片付けをしながら、客席への気配りも忘れないようにしましょう。

88

後片付けをしながら、入口を気にしよう

後片付けをする作業は、うつむいた姿勢になりがちです。お客様が店に入ってきたとき、うつむいた姿勢のままでは、印象が悪いです。うつむいたままで「いらっしゃいませ」を言うのも、他の席のお客様が見て印象はよくありません。

入口から見える席の後片付けをするときには、お客様が入口から入ってきたら、すぐに頭を上げて「いらっしゃいませ」とハリのある声で言えるよう、入口のほうを気にしながら作業をしましょう。

好感接客memo

第7章

親切、気配りを、言葉・行動にしよう

「気配り」は、難しいようですが、食べやすさの提案とか、言葉にして確認をすることが「気配り」に通じることが多いようです。こんなひと言がお客様に喜ばれる、ということを実行して、積み重ねることが、好感接客につながります。

89

お熱いので、お気を付けください

器が熱い、料理が熱々であることは、できたてのシズル感でありますが、知らないでお客様が触って火傷するようでは、クレームにつながります。なので、提供しながら、「器がお熱くなっておりますので、お気を付けください」と説明します。ひと言あると、心配りとしてお客様に伝わります。

触って火傷をするほどではなくても、熱い料理のときには、ひと言添えるほうが親切です。

90 温かいうちにお召し上がりください。ごゆっくりどうぞ

冷めると味が落ちるものが料理には多いです。おいしい状態で食べていただきたい思いを伝えるのも、お店の姿勢として大切です。「暖かいうちにお召し上がりください」と同じ意味ですが、

✕冷めないうちにお召し上がりください

だと、「早く食べて」というニュアンスが強くなるので、「温かいうちに」のほうがベターです。

また、続けて、「ごゆっくりどうぞ」を言って席を離れましょう。食べるのをせかしているだけではないことを伝えるためです。

91

取り皿をお持ちしましょうか

この料理は、分け合って食べないだろうなあと思っても、提供時にお声がけしたいのが、この、ひと言です。女性客の場合は、取り分けて食べたい人が多いものです。お店のほうから先に言ってもらうことで、気が楽になります。

また、このひと言をかけることで、「当店は気軽に楽しんでもらえる店です」という意味合いもアピールできます。

92

卓上ソースや薬味の説明を

お好みでソース、醤油、辛子など、テーブルに用意した調味料をかけてもらう料理では、ソースの位置、醤油の位置を説明しましょう。薬味を添えた料理では、その薬味の使い方を説明しましょう。

辛いのがお好きなら、こちらの自家製柚子胡椒をお使いください

など、自家製の調味料があることをアピールするのも、提供時がいいタイミングです。

93 おすすめの食べ方の説明も

提供する料理のおすすめの食べ方をきちんと説明するのは、お店の熱意、こだわりを伝えるポイントになります。

まず、ここから食べて香りを楽しんでから、こちらを食べてください。

途中で、この薬味を加えて、味の変化をお楽しみください。

最後はこのようにして食べてみてください。

お店のおすすめに従うことで、どんな味わいを楽しめるか、お客様の期待は膨らみます。

また、その体験を友達、知人に話したくもなります。

94 グラスの底を拭いて提供

お冷やのグラスの底が水滴で濡れていた、コーヒーカップの底にコーヒーがこぼれていた、というのは、当たり前にやってはいけないことです。なので、お冷やを提供するときに、トレーの上に置いた布巾の上にコップをトンと置いてから提供します。コップの底が濡れていないことがわかっていても、この動作を加えることで、お客様は安心します。

同様に、コーヒーカップも、カップをソーサーにのせる前に布巾の上に一旦置いてからソーサーにのせます。このワンクッションの動作が気配りになります。

95 開店時間前に来たお客様に

開店時間の10分前、「準備中」の札に気が付かないで入ってきたお客様がいました。どのように対応しますか。

✕すいません。11時開店なのです

✕すいません。まだ営業してません

開店時間の20分、30分前なら、このような対応もいいですが、10分くらい前なら、

すいません。あと10分で開店時間なので、少しだけお待ちいただけますか
もうすぐ開店時間なので、少し席でお待ちください

開店時間前に気が付かないで入ってきたお客様が悪い、という対応をしないことが気配りです。

好感接客memo

第8章

会計時の応対は、きちんと正確に

当たり前のことですが、会計を終えて、お客様はお帰りになります。会計は、接客サービスの最後の場面です。お金のやり取りですから、間違いがないようにするのが基本ですが、この最後の接客場面で店への好印象が増すようにしたいものです。

96 会計時は、基本の流れで

レジで会計をするときは、間違いがないように、基本の流れを厳守するようにしましょう。

伝票を預かる ←

計算をする ←

お金を預かる ←

おつりを渡す

↓

お客様をお見送りする

それぞれの場面で、忙しいときでも接客用語、ひと言、おじぎなどを省略したりしないようにします。一つ一つの場面をきちんと対応しましょう。簡略化したりしないようにします。それが会計時の間違いをなくすポイントです。

97 会計時は、ひと動作＋ひと言で

会計時は、お客様と近い距離での接客場面になります。また、お客様が帰る直前は、店の印象を左右する場面にもなります。はっきりとした言葉で応対しましょう。

伝票を預かる⬇ありがとうございます
計算をする⬇金額をお客様に伝える
お金を受け取る⬇受け取った代金を告げて確認する

おつりを渡す↓〇〇円のお返しになります。
お見送り↓ありがとうございます

会計をするときは、一つ一つの動作に、必ず、ひと言を添えて対応をします。しかも、それぞれのひと言は、はっきりと伝わるように意識して言いましょう。

98 会計の金額は、消費税の説明も

メニュー表の価格表示が消費税別の場合、会計時にお客様が考えていた金額と違うということも起きがちです。だから、会計はいくらで、消費税分がいくらで、合計でこれだけいただきます、という言い方をしましょう。

「税込みで〇〇〇円になります」という言い方は、ぶっきらぼうに聞こえることがあります。常連客で、店が外税であることをわかっていても、会計のときはケジメをつける意味で初めてのお客様と同様に対応するのがいいでしょう。

99

お客様から受け取ったお金は、レジにすぐ入れない

5千円札を出したのに、お客様は1万円渡したつもりだった、という勘違いはよくあります。

そのときにトラブルにならないために、お客様から受け取ったお札は、すぐにレジに入れないで、お客様からも見えるところに置いたままにしたり、レジの上にマグネットで押さえておくようにします。

お札を受け取ったら、お客様の前で確認し、「5千円お預かりします」、「1万円お預かりします」とすぐに確認し、レジにはお札を入れないようにします。

100

×1万円からで、よろしかったでしょうか
×1万円からお預かりします

変な日本語ですが、こういう言い方が増えました。正しい日本語では、

○1万円お預かりします。

「1万円からで、よろしかったでしょうか」は、丁寧に言っているつもりの人も多いですが、間違った日本語の使い方は、接客場面ではNGです。

正しい日本語を使うように気配りすることも、お客様への気配りの一部です。

これも、間違いと気が付かないで使っている人が多い言葉です。正しくは、

○おつりの150円でございます

「おつりのほう」、「150円になります」という言い方は間違った日本語です。通じればいいではないか、と考えないで、きちんとした日本語を使うことが好感接客の大前提だと考えましょう。

101

×おつりのほうの120円です
×おつりの150円になります

102 おつりは、キャッシャー・トレイにのせて

おつりを渡すときは、手渡しより、キャッシャー・トレイにのせて差し出し、お客様に受け取ってもらうのがいいでしょう。

このとき、お札と小銭を渡すときには、お札を並べて、その上に小銭を置きます。お札はずらして重ね、ひと目で何枚あるかがわかるようにします。小銭は、種類ごとに分けてのせて、見てすぐにいくらあるかわかるようにのせます。

おつりの1250円でございます。ご確認ください

おつりの金額を伝えながらキャッシャー・トレイを差し出します。おつりを取り終わり、お客様が確認して財布にしまったのを確認して、

ありがとうございます

を言います。

近い距離にお客様がいらっしゃる場面です。いい笑顔と、ハキハキした言葉で「ありがとうございます」を伝えます。続けておじぎもして、動作でも感謝の気持ちをお伝えします。

103 つり銭は充分に用意しておくこと

つり銭が充分にあるかは、開店前にチェックしておきます。小銭、千円札が不足しそうなら、早めに対応します。

帰るときは、お客様は早く帰りたいので、おつりを用意するのに会計で待たされると、イライラがつのります。何より、最後に店への悪い印象を持たれてしまいます。

104 クレームがついたら、すぐに対応

会計を済ませた後は、お客様から料理の感想や要望を聞くことが多い場面です。例えば、「もう少しやわらかいほうがよかった」という要望があったとします。これは、「硬くておいしくなかった」という意味も含まれています。お客様からの要望は、クレームでもあると考えて対応しましょう。生返事したり、笑ってごまかすことのないように。明らかなクレームの場合は、すぐ、まず、謝ります。そして、自分で対処できない内容の場合は、すぐに店長・経営者に告げて処置するようにします。

105

喜ばれたことは、皆で共有を

会計を済ませた後、帰る間際に、おいしかったこと、よかったことなどの感想をお客様からいただくこともあります。「ありがとうございます」で対応しますが、何に対して喜ばれたのか、何が好評だったのかは、覚えておいて、スタッフ皆に伝えるようにしましょう。お客様に喜ばれたことは、他のスタッフのやりがいの源にもなりますし、同じことを他のスタッフもできるように目指せます。

106 他の仕事中でも、レジ係はお客様の会計を優先

レジのところでは、伝票を整理したり他の仕事をする場面もあります。このとき、お客様が会計をしに来たら、必ず、会計を優先します。「少々お待ちください」は、会計時は言わないのが、基本です。

レジのところで電話対応をしているときにお客様が会計をしに来られたら、電話を中断して、他のスタッフを呼んで会計をしてもらうようにしましょう。

好感接客memo

第9章

販促を通して接客の好感度を磨こう

販促やイベントを実施するときは、普段とは違う接客場面が生まれます。フェアのメニューをおすすめしたり、説明したり、販促が普段とは違う会話のきっかけになります。お客様との会話のやりとりから、接客の好感度を上げていきましょう。

107

〝限定〟をおすすめ

「販売期間」を限定して販売する、「販売個数」を限定して売る、など、「限定」をアピールして、「今だけ」、「あるだけ」の付加価値を付ける売り方があります。

その「限定」を、どのようにセールスしたらいいでしょうか。「○日までの限定販売なのです」では、単に説明しただけにすぎません。「初採りのものなので、○日までの限定になります。ぜひ、お試しください」とおすすめすれば、「限定」の価値を伝えられます。

また、販売個数限定も、「店長が大事に取っておいた限定国産ワインなのです」と説明すると、どうして大事に取っておいたのか、どこが希少なのか、お店の人に尋ねたくなります。お客様との会話を広げることも、好感度アップにつながります。

108 食べ比べメニューをおすすめ

利き酒セットの応用で、食べ比べのできる一皿を提供すると、提供するときに内容を説明することが大切になります。

たとえば、産地の違いの説明。材料の種類の違いの説明。合わせる調味料の違いの説明などです。また、何から食べるのがおすすめか、食べ方のおすすめもできます。

ある居酒屋では、「うにフェア」と題して、産地別うにを盛り合わせたメニューが好評です。うにの産地と同じ県内の日本酒も用意し、マリアージュも楽しんでもらっています。おすすめを展開できるように準備しておくのと、お客様との会話を広げられます。

109 お持ち帰りをおすすめ

メニュー表に、「お持ち帰りできます」と表記すれば、売れるわけではありません。また、「お持ち帰りでいかがですか」とおすすめしても、それが好感接客にはなりません。

お持ち帰りできるメニューを、どのようにおすすめしたら、お客様に喜んでいただけるでしょうか。

あるレストランでは、唐揚げを「ご家族へのお土産にどうぞ」とメニュー表に書いてアピールしました。また、イートインで注文を受けたときも、「当店の名物ですので、ご家族のお土産にもどうぞ」と説明を添えるようにしました。ランチの営業時間中に昼食用に買いに来る主婦もいて、売上げアップに貢献しているそうです。

110 飲み放題から好感接客につなげる

ある居酒屋では、宴会の飲み放題プランを予約したお客様には、宴会の途中で、飲み放題リストにない焼酎の5合ボトルを提供する販促を始めました。

その焼酎ボトルを提供する際、「飲み放題のお酒リストには入っていない焼酎ですが、おいしいので、よろしかったら、こちらもお飲みください。もし残っても、このボトルは2か月キープできますので」と説明をします。宴会の途中で提供するのは、残してもらうことを狙ってのこと。そして、飲み残してキープしてもらったお客様のほとんどが、後日に再来店してくださるそうです。

111 辛味を味変のおすすめに

あるレストランでは、４種類の辛味オイルから1種類をサービスしています。辛味オイルは、一味オイル、山椒オイル、ハバネロオイル、激辛生姜オイル。サラダ、ピラフ、パスタなど、何にでも途中でかけて、味の変化を楽しんでもらうもの。それぞれ、辛味は強めにし、「すごく辛いので注意してかけてください」とひと言添えて提供をして、お客様との会話の糸口にもしています。

「ほんとに、すごく辛かった」とクチコミが広がり、また、「次回は別の辛味オイルに挑戦」というお客様も多いそうです。

第10章

評判店の接客を真似て、その次を考えよう

評判の高い飲食店というのは、接客サービスについて、様々な取り組みや工夫をしている店が多いです。その工夫を真似るのもいいですが、大切なのは、「次」を考えることです。もっと喜ばれる、さらに好感度を上げる「応用」「発展形」を考えることで、あなたの店の好感接客サービスを生み出せるのです。

112 ドアを開けてお客様を出迎える

あるレストランでは、来店したお客様が店内を見回してスタッフを探すことがないよう、お客様をドアを開けて出迎えるようにしています。入口ドアの見える位置にいるスタッフは、誰でも入口ドアに気配がないか気を配るようにしています。

お客様がドアの直前に立っていたら、入口から一歩引いたところで出迎えるようにしています。

113 手荷物カゴにナプキンをかける

お客様を席に案内し、席に着くときに、手荷物を入れるカゴを差し出し、お客様がバックを入れられたら、その上からナプキンをかけるようにしているレストランがあります。お客様をお迎えするときは、ナプキンを持参してから席に案内をします。手荷物のカゴを差し出すことと、ナプキンをかけることを一連の動作にして、さりげない心づかいにしています。

114 ひと口目をチェックして、対応へ

あるレストランでは、お客様のひと口目に注意を払うようにしています。「乾杯！」と言って飲み始めるのは普通ですが、中には「おめでとう！」と言って飲み始めるお客様もいます。それを確認したら、その後に料理を提供するときに、さりげなく「今日は、お祝いの席ですか？」と尋ねることができます。それによって、何かをサービスしたり、デザートの皿にソースでメッセージを描いたりします。

115 盛り合わせを提案するサービス

あるパスタ店では、パスタを盛り合わせすることもできることを提案しています。それは、女性のお客様が2人で来店し、それぞれ違うパスタを注文したとき、分け合って食べるお客様を何度か見かけたから。お互いの皿に手を伸ばしてパスタを食べるのは食べにくそうでもあったので、盛り合わせを提案することにしたそうです。

2人で来店し、別々のパスタを注文されたら、

「もし、よろしければ、ご注文のパスタを半分ずつ一皿に盛り合わせてご提供することもできますが」と提案します。2種類のパスタを同時にでき上がるよう、調理の段取りに気をつけるそうです。

116 お客様へのお礼はすぐ、モノで

お客様から予約の電話をいただき、あいにく、希望の日がいっぱいだったとします。お客様が、それではと、日時を変更してくれたとします。予約ノートに、この経緯を書いておいて、お客様がいらしたときに、「最初のご希望のお日にちに対応できず、申し訳ございませんでした。最初のスパークリングワインはサービスさせていただきますので」と言うバルがあります。また、この店では連続して来店してくれたお客様がいたら、グラスワインなら多めに注いだり、生ハムを注文されたら大盛りにしたりして、提供するときに「今週、もう3回目ですね。ありがとうございます」と、お礼を言いながら出すそうです。お客様にお礼を込めたサービスをすることは、店長の了解を得なくてもできるようにしているそうです。

117 喜ばれたことをメールで共有

お客様に喜ばれたこと、こういうことをしたらお客様に感謝されたということがあったら、毎日、店長に報告するようにしている店があります。店長は、その話を、店のツイッターにアップします。アルバイトも含めて、スタッフ全員が、店のツイッターを見るようにし、全員で「お客様に喜ばれたこと」を共有できるようにしています。

「お客様に喜ばれたこと」を皆で真似してみよう、皆で応用してみよう、という意識を高めるのに役立っているそうです。

118 傘立てのところに、メッセージを

ある居酒屋では、雨の日には、傘立てのところに貼り紙を出しています。貼り紙には、「雨の日にもかかわらず、ご来店ありがとうございます。明日は天気のようですね」と。「ご来店ありがとうございます」だけではなく、ひと言添えています。この「ひと言」は、毎回変えるようにしているそうです。そして、その「ひと言」をスタッフの皆で順番に考えてもらっているそうです。自分の考えた「ひと言」をお客様に読んでもらうことで、接客への意識を高めてもらう狙いもあるそうです。

119 ドレッシングで、接客場面を増やす

ある居酒屋では、刺身を注文されたお客様には、料理を提供した後に、ドレッシングを渡すようにしています。

「大根のツマを、よろしければ、こちらのドレッシングでお試しください。季節の新生姜で作ったドレッシングです」と説明を添えて提供するそうです。テーブルの上に置いて使ってもらうこともできますが、接客場面を増やす狙いで、料理を出した後に見せて説明するようにしたそうです。話題が広がるよう、ドレッシングは季節ごとに変えているそうです。

120

切りたての生ハムです

あるお店では、生ハムを提供するときに、「切りたての生ハムです」と言いながら提供をします。パン店に行ったときに、従業員の人がパンを並べながら、「ただいま、クロワッサンが焼き上がりました」と呼び掛けているのを聞いて、それをヒントに「切りたての生ハムです」と言うようにしたそうです。他にも、「出汁巻き玉子、焼き立てです」と言って提供をするそうです。

121 お手伝いできることは、ございますか？

あるレストランでは、電話での予約を受けるときに、「何か、お手伝いすることは、ございますか？」と尋ねるようにしています。こう聞くことで、誕生日の会食なので、最後のデザートにろうそくを立ててほしいとか、還暦の御祝なので赤い演出をしたいのだけれどといった要望を聞き出すことができます。ストレートに「何の会食でしょうか？」と尋ねるのは失礼なので、「お手伝いすることは、ございますか？」と尋ねるそうです。お客様から聞いた要望は専用のノートを作って書き留め、備品として用意しておいた方が良さそうなものは常備するようにしたそうです。予約なしで来店したお客様が誕生会での利用だったとしても、いろいろ対応できるようになったそうです。

122 原寸大メニュー表でコミュニケーションを

差し込みのおすすめメニューのメニュー表は、原寸大で料理を掲載するピザ店があります。ピザはMサイズとLサイズを選べるようにし、Mサイズは25cm、Lサイズは32cmと表示をしていても、「Lは量は多いですか」とか「2人でMサイズは少な過ぎますか？」などと質問を受けることが多かったので、原寸大の写真で、ピザの一部分を見せるようにしたそうです。

「そのメニュー表の写真は、原寸大になります」と説明をすると、「こんなに大きいの？」などと反応があって、お客様との会話のきっかけにもなるそうです。

123 エレベーターの中へ、お見送りのことばを

お客様がエレベーターにのってお帰りになるので、ひと工夫している店があります。その店は、9階にあります。お客様が帰るとき、エレベーターの前までお見送りします。工夫は、ここから。エレベーターのドアが閉まってから、少し間を置いて、エレベーターのドアの隙間に口を近づけて、大きな声で「ありがとうございました！」と言うそうです。

エレベーターに乗っているお客様に、その声は届くそうで、意外なタイミングで聞こえてくる「ありがとうございました」に、初めての人は驚きながらもクスッと笑う人も多いそうです。この最後の〝仕掛け〟を体験させたくて、友達を連れて来るお客様もいるそうです。

124

子供客専用にガチャガチャを

お子様連れが多いお店で、店内にガチャガチャを置いている店があります。小学3年生までのお子さんは、無料で1回できるようにしていて、当たりが出たらジュースをプレゼントするようにしています。実は、全てに当たりを入れているのですが、当たりが出たときは、「すごいねぇ、当たったよ、おめでとう」とお子さんをほめるようにしているそうです。お子さんに、「また、ガチャガチャの店に行きたい」と言ってもらう狙いがあるそうですが、お子さんとのコミュニケーションに役立っています。

125 ウエルカムカードに個性を

予約をしてもらったお客様を案内する席にウエルカムカードを置く店で、そのウエルカムカードに個性を出す工夫をしている店があります。

その店はサラリーマン客が多いので、予約時に会社名などがわかったら、ウエルカムカードに会社のロゴを入れたり、その会社の商品の写真を入れ、そこに手書きで「○○様　本日はありがとうございます」のメッセージを書き入れます。図案はパソコンで作り、そのデータは残しておいて、同じ会社の人の予約でも、前と同じにならないようにしているそうです。

126 メッセージデザート

「本日のお得なデザート」を提供しているカフェがあります。コーヒー（450円）とデザートのセットで600円と割安に。割安にしたのは、デザートの皿の上にチョコレートシロップで店の宣伝をしたから。たとえば、来週から売り出すメニューの宣伝、新メニューの宣伝、期間限定メニューの宣伝などなど。「これを見てパーティの予約したら10%引き」というメッセージを書くことも。このメッセージの内容でお客様と会話をすることも多いそうです。

127 「おいしい」いただきました

「お味はいかがですか?」、「お口に合いましたでしょうか?」など、お客様に感想を聞くようにしている立ち飲み店があります。立ち飲みで回転が速いこともあり、なかなかお客様と会話をするきっかけがないので、お声がけするようにしたそうです。そして、「おいしいよ」という返答をいただいたら、大きな声で「おいしい、いただきました」と焼き場の店長に伝達します。それを受けて、スタッフ全員で「ありがとうございます」を大きな声で言います。「おいしい、いただきました」という呼び声が、店の活気づくりにも役立っています。

128 お久しぶりですか？

お客様との会話のきっかけづくりに、「お久しぶりですか？」と声をかけるようにしているワインバルがあります。「初めてですか？」と聞いたら、2回目だったということになると失礼なので、「お久しぶりですか？」としたそうです。

「2か月ぶりかな」などという返答があったら、「会社は遠いのですか」とか「こちらのほうには、なかなか用事がございませんか」などと、会話をつなげるそうです。会話の回数が増えるほど、お客様にスタッフの顔を覚えてもらえるので、お声がけするようにしているそうです。

129 店の外で、2人、3人でお見送り

会計を終えたお客様をお見送りするとき、店の外に出てお見送りをする焼肉店がありま す。それも、会計係の1人ではなく、2人、3人でお見送りします。

レジのところに向かうお客様がいたら、その後に店外に出てお見送りできる余裕があるスタッフは、お見送りをするようにしたそうです。少しの間とはいえ、客席から離れ、店内の接客に支障をきたしては意味がないので、お見送りをするスタッフは「お見送り行ってきます」と他のスタッフにきちんと告げるようにし、「急にいなくなった」ということがないようにしています。戻ったときもね「戻りました」ときちんと報告することもルールにしました。

好感接客memo

第11章

好感接客を身につけるためのチェックリスト

好感接客を身につけるには、毎日の「意識」の積み重ねが大切です。身だしなみのこと、体調管理のこと、接客態度のこと、掃除・衛生管理のこと、そして、接客の仕事をする自己管理こと。自分自身で毎日チェックをして、意識を高めていきましょう。

身だしなみ

- □ 規定どおりのユニフォームですか
- □ ユニフォームのボタンは取れていませんか
- □ ユニフォームに汚れ、目立つシワはないですか
- □ エプロンはきれいですか
- □ 頭髪は長すぎませんか
- □ 長い髪は、きちんと束ねていますか
- □ 靴、靴下は規定どおりですか
- □ 靴が汚れていませんか
- □ 靴のかかとを踏んで履いていないですか
- □ 指、爪はきれいですか

- [ ] 整髪料、香水の匂いはしないですか

- [ ] 口臭はしないですか

- [ ] 歯はきれいですか

- [ ] 目元、口元はきれいですか

体調管理

- □ 体調に変わりはないですか
- □ お腹の具合は悪くないですか
- □ 顔色は悪くないですか
- □ 体温は、平熱ですか
- □ 口臭は大丈夫ですか
- □ 手にケガをしていませんか
- □ 声の調子はいいですか
- □ 遅刻しないで店に出られましたか

掃除・衛生管理

- □ 客席にゴミが落ちていないか、気にしてますか
- □ カウンター内の整理整頓はできていますか
- □ トイレの清掃は時間ごとに行われていますか
- □ トイレの備品が充分か、気にしていますか
- □ 更衣室の整理整頓はできていますか
- □ 店内の温度に気を配っていますか
- □ ゴミ箱がいっぱいになる前に整理していますか
- □ 手洗いはきちんとしていますか
- □ 髪に手をやったり、頭をかいたりしてないですか
- □ エプロン、ユニフォームが汚れたままで働いていませんか

接客態度

- □ はっきりと、ハリある声で接客用語を言えていますか
- □ 来店したお客様に、すぐに「いらっしゃいませ」を言っていますか
- □ お客様の目を見て「いらっしゃいませ」が言えていますか
- □ お客様に笑顔で接していますか
- □ 朝は「おはようございます」も言えていますか
- □ 「ハイ」という返事をきちんとしていますか
- □ 「少々お待ちください」をきちんと言えていますか
- □ 「お待たせしました。ごゆっくりどうぞ」をきちんと言えていますか
- □ 「ありがとうございました」をハリのある声で言えていますか
- □ 日替わりメニューの説明はきちんとできていますか

- □ おすすめのメニューをすぐに
説明できますか

- □ 時間のかかるメニューは事前に
説明できていますか

- □ 待機しているときの姿勢・態度は
きちんとしていますか

自己管理

- □ 店長、同僚にあいさつはできましたか
- □ 身だしなみは整っていますか
- □ 仕事につく準備はテキパキとできましたか
- □ 感謝の気持ちでお客様をお迎えできましたか
- □ 感謝の気持ちでお客様をお見送りできましたか
- □ 無駄なおしゃべりはしなかったですか
- □ お店の備品、道具を乱暴に扱わなかったですか
- □ 店長やスタッフに報告することを怠らなかったですか
- □ ささいなことで怒ったり、不機嫌にならなかったですか
- □ お客様からのクレームに対して、まずは謝れたですか

- [ ] 改善したほうがいいことを
発見できましたか

- [ ] 自分自身の人間的な成長のために
働いていることを忘れなかったですか

好感接客memo

第12章

テーブルセッティングの基本

接客サービスの基本として、代表的なテーブルセッティングを紹介します。店によって他に置くものや、特別なルールがあるところもあるでしょうが、基本として覚えておくといいです。

A

洋食の標準テーブルセッティング

ペーパーナプキンやランチョンマットの上に、片側にナイフとフォークとスプーンを揃えるのは、洋食で最も簡単なセッティングです。パスタでも、上にエビフライをのせるような場合はナイフもセットします。

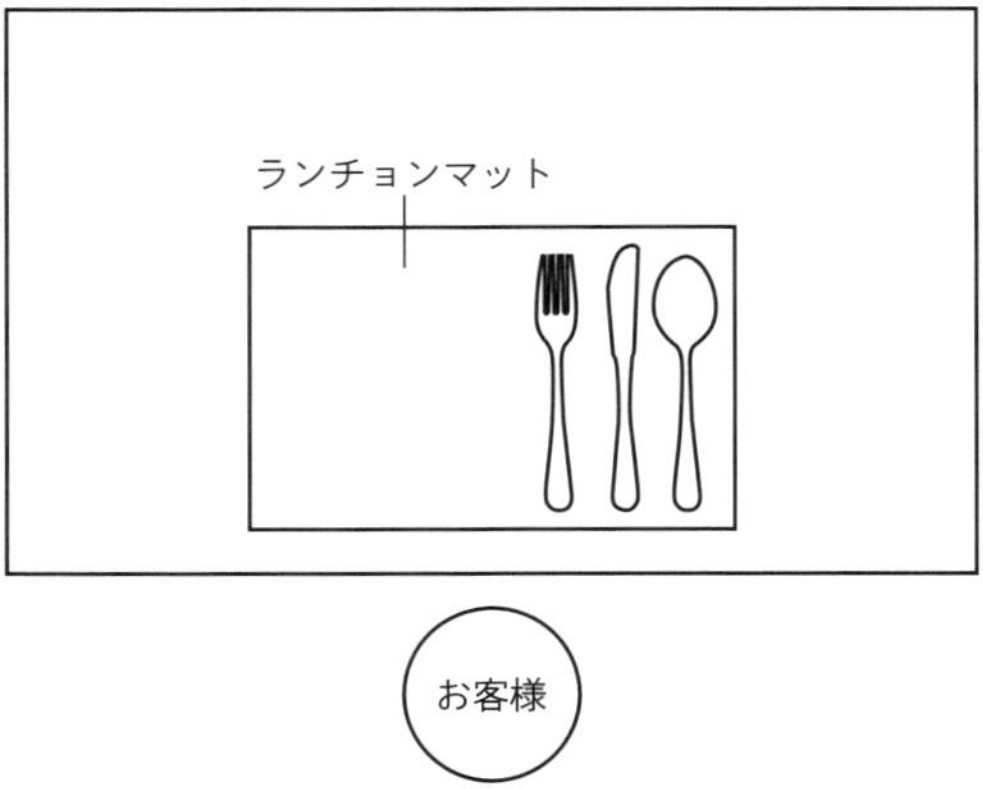

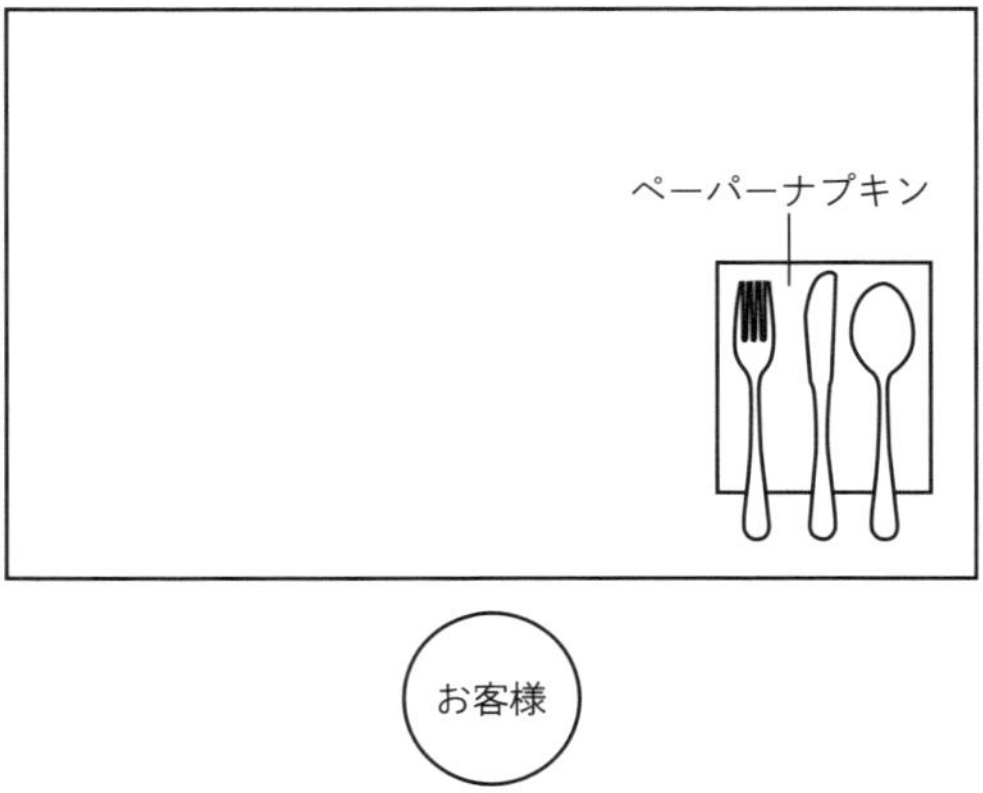

B 洋食両側セット

テーブルクロスを敷いている場合は、下の図のように。右ページの片側セットと並べ方は同じ考え方。

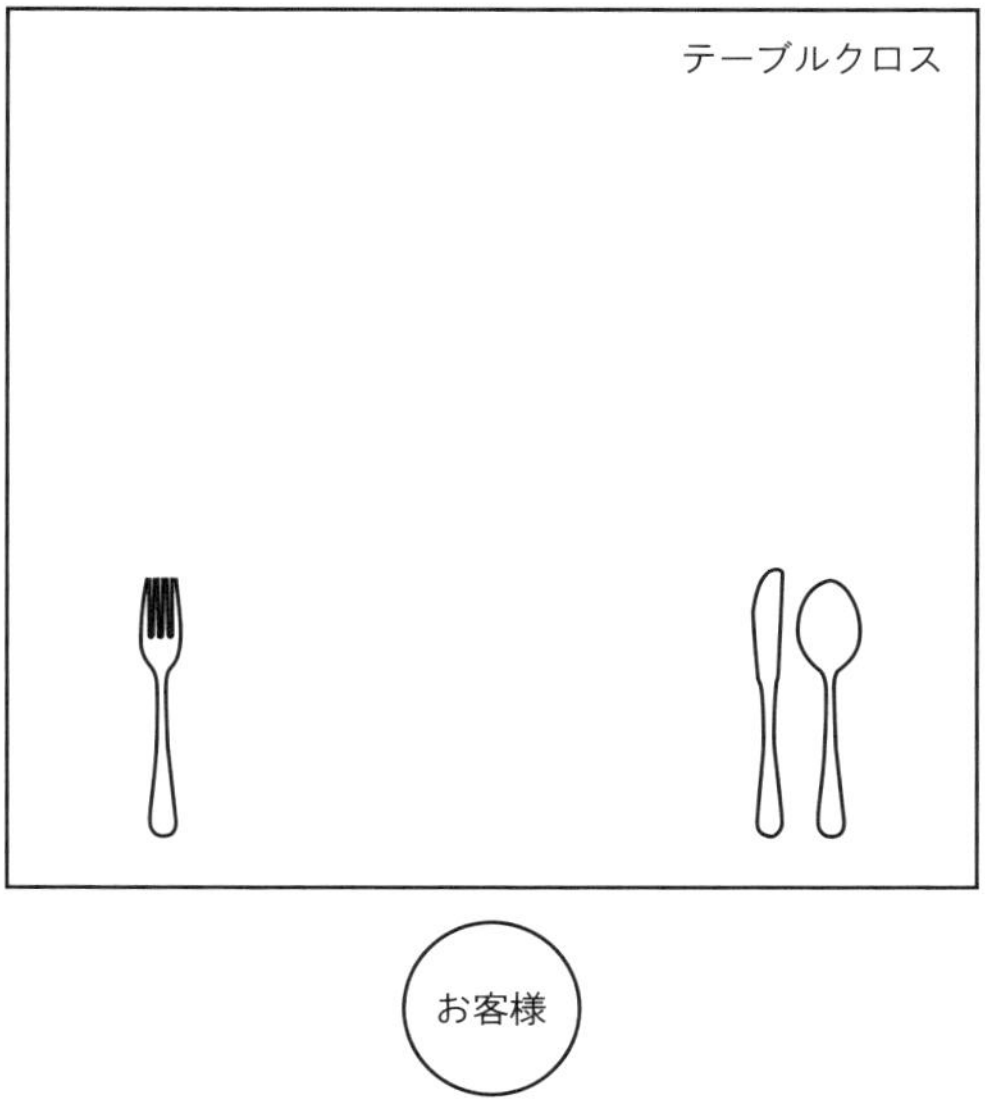

C 洋食のコースのテーブルセッティング

コース料理のセッティングの場合は、お客様の席の前にミートプレートをセットして、その左右、上にセットしていくのがやりやすいです。

下の図のようにティースプーンやデザートスプーンはセッティングしないで、提供時に出すという店も多いです。

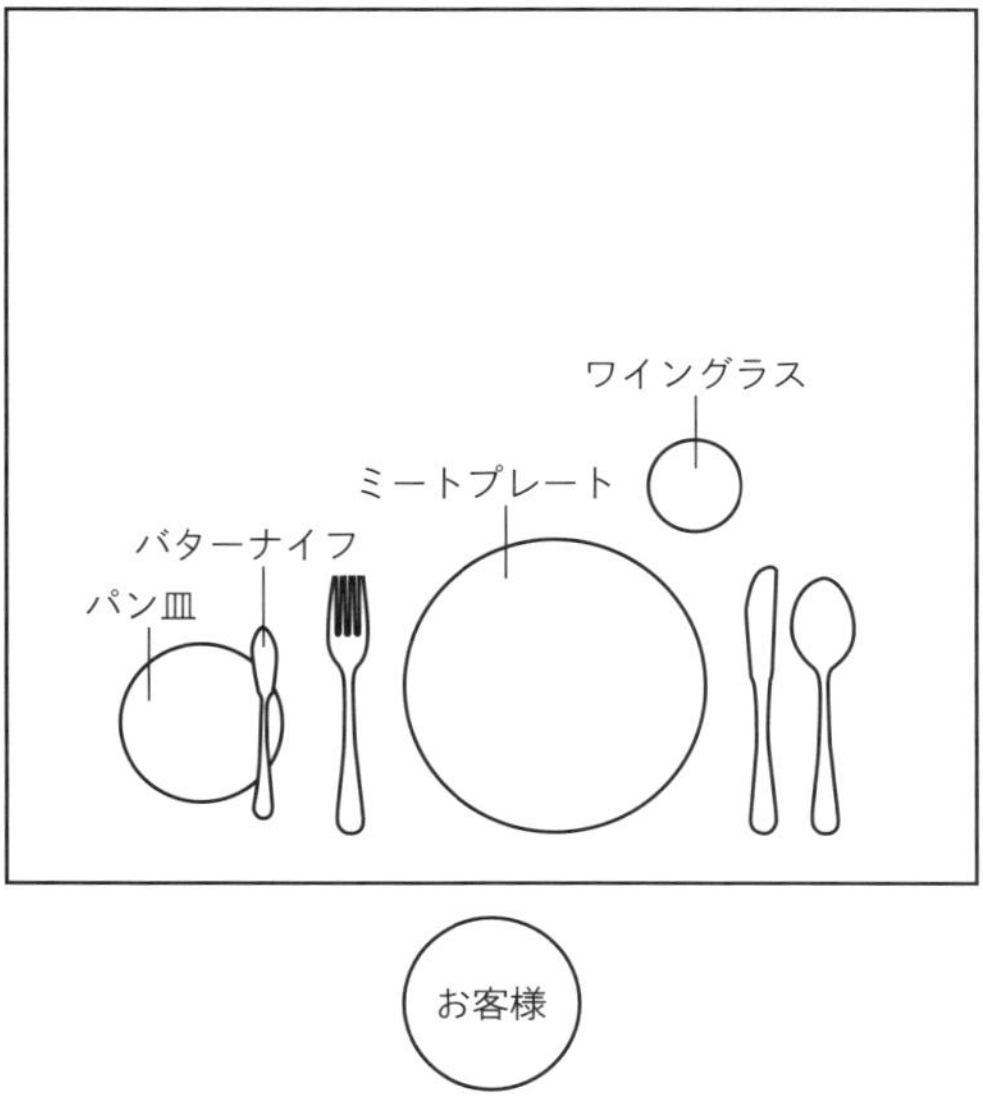

D 和食のテーブルセッティング

会席料理など、一品ずつ供する場合、下の図のようなセッティングがポピュラーです。折敷や小皿をセットする場合もあります。

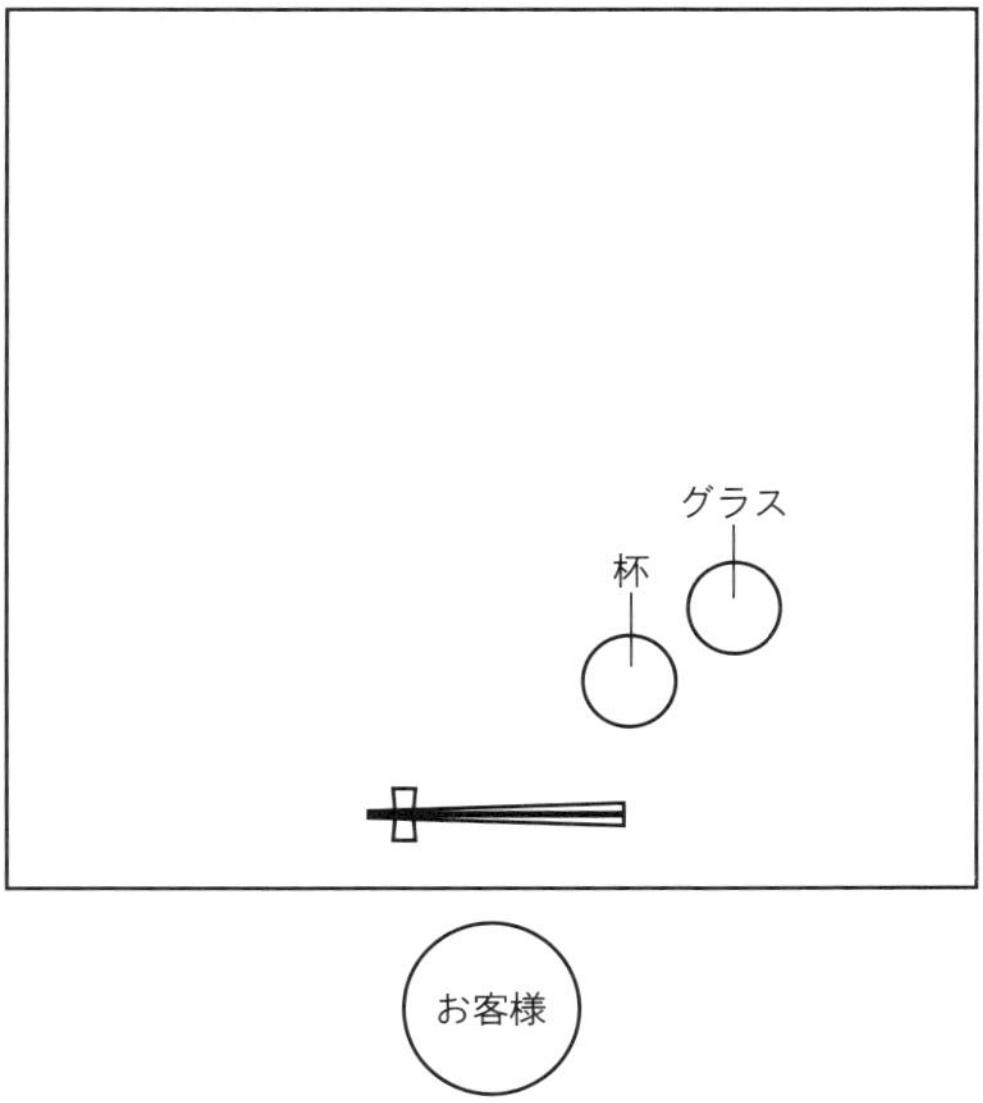

E

中国料理の円卓のテーブルセッティング

中華料理の円卓の場合のセッティング例です。グラスと杯を置くのは、最初はビールで、途中から紹興酒にするお客様がいるという設定です。前の回転テーブルの上の2か所に取り皿を重ねて置くパターンもあります。

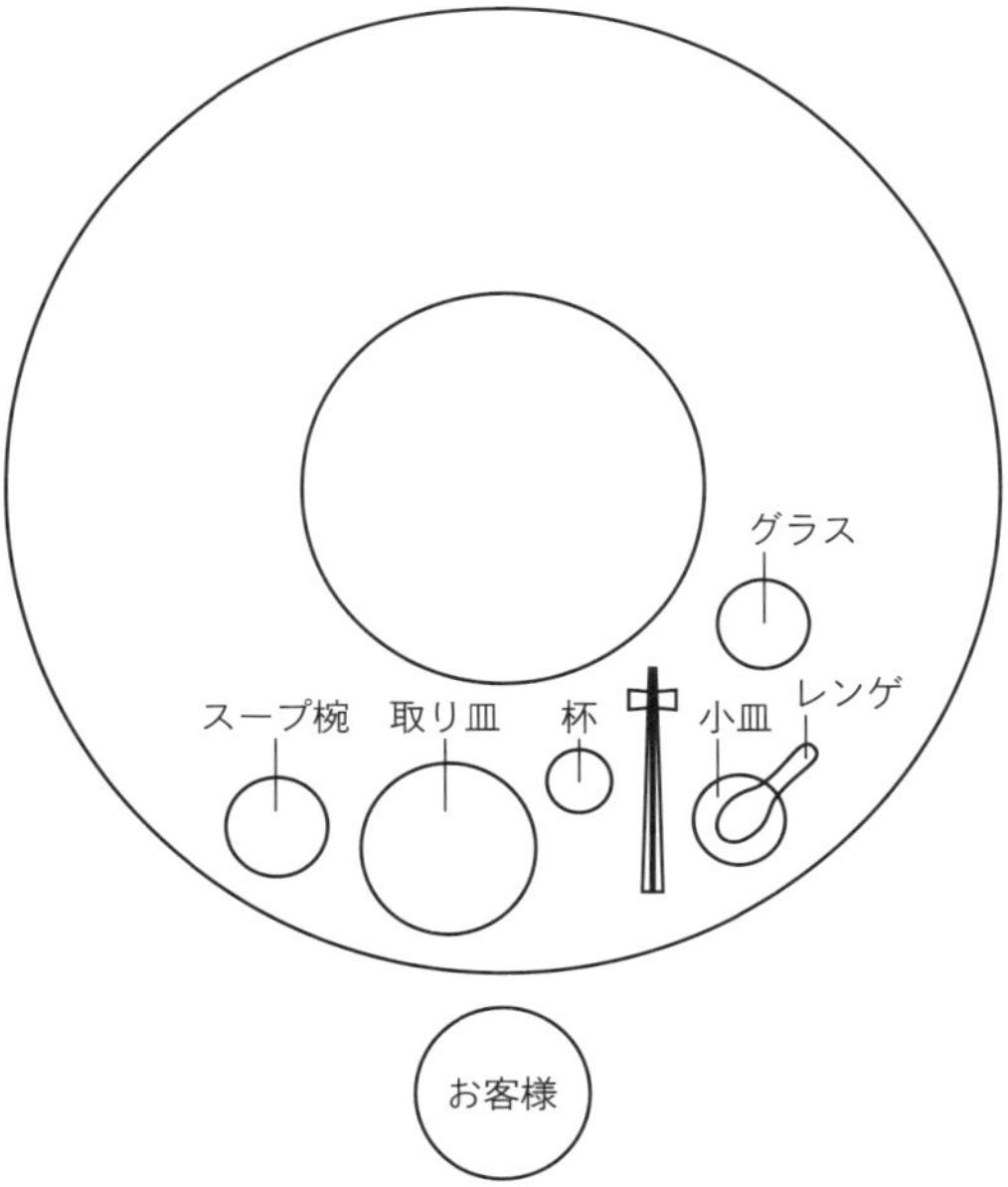

〈付〉

シニアのお客様への好感接客サービス

高齢化時代から超・高齢化の時代に近づいています。ご高齢のお客様の割合が増えてくる飲食店は多いでしょう。ご高齢のお客様への好感接客のためには、少し工夫や別の気配りがありますので、知っておくといいでしょう。

1

✕ご高齢の方におすすめです

ＷＨＯ（世界保健機構）では、65歳以上をシニアと規定しています。また、あるスーパーでは60歳以上を対象にシニアカードを発行しています。「シニア」を何歳以上とするかは、いろいろあります。しかし、60歳前後のほとんどの人は、シニア＝高齢者と呼ばれたくないと思っています。高齢者扱いをしていない風にして、配慮するのがシニア向け好感接客サービスの基本です。

✕ご高齢の方に人気のメニューです

というすすめ方は、お客様を高齢者と決めつけての言い方になりますので、避けましょう。

2 シニアのお客様を苦手に思わないこと

現代は、自分の祖父母と同居している人は少なくなっているので、自分の親より高齢の人と接したり、話したりする機会が少ない人も多いようです。そのせいもあり、接客サービスの仕事をする上で、高齢者のお客様への対応で苦手意識を持ったりする人もいるようです。しかし、この苦手意識を持たないようにすることも、シニア対応の好感接客サービスの基本です。苦手意識ではなく、特別な意識を持って、高齢者のお客様に喜ばれる接客に当たりましょう。

3 お元気そうですね

常連のお客様に対するあいさつの言葉として、「お元気ですか?」は、常套文句ではありますが、ご高齢のお客様には、使わないようにしましょう。なぜなら、「お元気ですか?」と言われて、「元気ですよ」とすなおに返答できない人も多いからです。血圧の薬を飲んでいるとか、高コレステロールの薬を飲んでいる人は多いのです。

そう言うより、「お元気そうですね」、「顔色がよろしいですね」と、今日の好印象をお伝えするようにしたほうが、好感接客になります。

お客様が高齢者のとき、いつもより少しゆっくり話すように意識しましょう。また、いつもよりハキハキと話すように意識しましょう。

お客様の目を見て、

ご注文をおうかがいします

本日のおすすめは、こちらになります

はっきりと伝わっているかを確認しながら、話すようにすると、少しゆっくりと話すことができます。

4 ゆっくり、ハキハキと話しましょう

5

もう半歩、近づいて接客を

高齢者の方が全てが耳が遠いわけではありませんが、料理の説明をしたり、おすすめの料理のメニュー名を伝える場合、聞きなれない言葉のために聞こえずらいこともあります。なので、お客様が高齢者の場合、注文を受けるときも、いつもより半歩近づいて接客するようにするのは、いいでしょう。

半歩近づくこと、あるいは、いつもより少し前かがみになって顔を近づけることで、「少し大きな声で言う」ことも、「少しゆっくり話す」ことも、伝わりやすくなります。

6 「ハイ＋うなづき」を意識してするように

ハイ、ご注文を繰り返します
ハイ、ご注文は以上でよろしいでしょうか
ハイ、お会計になります

「ハイ」は、基本の接客用語に添えると、丁寧さが増す、ひと言です。

ご高齢のお客様には、「ハイ」というひと言にプラスして、うなずく動作も意識してプラスしましょう。耳が少し遠いお客様もいるかもしれませんので、そこを考慮して、「ハイ」という返事と「ウン」とうなづく動作を組み合わせて、ご高齢のお客様には対応するようにしましょう。

7

メモ用紙を活用することも

「どのくらいの大きさですか？」、「産地はどこですか？」など、高齢者のお客様は、メニューに関して質問をされる方が多いです。

そのとき、言葉で説明したり、手や指で示したりするだけでなく、メモ用紙に絵を描いて見てもらう方がよく伝わる場合もあります。産地名も外国の場合は、カタカナで書いて示したほうが伝わります。ですから、高齢者のお客様との接客場面で活用できるよう、メモ用紙を持参しておくことは、好感接客のための工夫の一つになります。

8 シニア客層を案内しやすい席へ

ご高齢のお客様が来店したとき、どこの席にご案内するかを決めておくといいでしょう。

ご高齢のお客様は、その席までの通路に段差がない席がいいですし、行き来する間に障害物になるかもしれない観葉植物がないほうがいいです。また、待機する場所やカウンター内の作業場から見える席がいいです。お客様が声を出さなくても、手を上げたら気づける席にご案内するのがいいです。

9 イスのぐらつきは、要チェック

よっこらしょ
イスに座るとき、こう口に出す高齢者の方がいます。歩くのに疲れ、ほっとしたくて座るので、つい出てしまうようです。それだけに、高齢者のお客様は、イスに座っているときに背もたれに寄りかかって休む態勢でいる方も多いようです。
ですから、高齢者のお客様は、イスがぐらつくと、すごく気になります。少しのぐらつきも気になります。
店内の掃除をするとき、イスとテーブルのぐらつきがないかも毎日チェックしましょう。イスは一つひとつ実際に座ってみて、ぐらつきがないかを確認するのがいいでしょう。

10 段差に、お気を付けください

ご高齢のお客様を席にご案内するとき、途中に段差があるときは、お声がけをします。

×お気を付けください

だけでなく、理由をつけて、お声がけします。

段差と同様に要注意なのが、スロープ、ゆるい坂です。ゆるいスロープは、段差のようにはっきりと見えないので、実はご高齢の方はつまづきやすいのです。

坂になっていますので、お気を付けください

と、理由を付けてお声がけします。

できれば、段差のある場所やスロープのところ両側に手すりを付けるのが良いでしょう。

11 客席温度への気づかいの、ひと言を

高齢者のお客様は、店内の暑い・寒いを気にする方が多いです。なので、エアコンを使っている時季は、

暑くないですか？
寒くないですか？

をお聞きするようにしましょう。

ちょうどいい室温だろうと思っていたとしても、お客様にお尋ねすることで、お客様に配慮していますという店の姿勢をわかってもらえます。この、ひと言のコミュニケーションで、シニアの客層のお客様は、店への親近感を高めてくれます。

12 お冷やのお声がけを、もう一回

注文を受け、ご注文のメニューを提供した後には、なかなか、お客様にお声がけするタイミングはありません。しかし、「お冷やは、いかがですか?」は、お声がけしやすいフレーズですので、タイミングを見て、お声がけできそうなときは積極的に「お冷やは、よろしいですか?」を使うようにしましょう。ご高齢のお客様の場合は、会話の機会を増やすほど、常連客になってもらえる頻度が高まります。

13

器が熱いので、お気を付けください

器が熱くなっているときも、

×お気を付けください

だけでなく、「器が熱くなっていますので」、「お気を付けください」と言いましょう。

また、提供してから、その場を去って、知らんぷりではなく、必ず、その後も見届けましょう。

急いで食べようとするお客様もいますし、「熱いので」と言われたので、慎重になってなかなか食べないお客様もいるかもしれません。「器が熱くなっていますので、お気を付けください」と言ったあとに、少し間をおいて

ごゆっくり、お召し上がりください

などと、もうひと言をかけに戻る接客は、親切な店をアピールできます。熱い料理は、提供した後も見とどけて、その後にも、ひと言をかけるようにしましょう。

14

注文を受けるときは、「小盛り」の提案も

注文を受けるとき、分量の多いメニューは、「当店のハンバーグは、お肉が２００ｇあって大きいのですが、よろしいでしょうか」などと確認しましょう。あるいは、「半分サイズもございます」とおすすめしましょう。メニュー表に表示しなくても、半分サイズにできるメニューリストを、お子様とご高齢のお客様用に用意しておくのもいいでしょう。

ご高齢のお客様には、食が細い方もいらっしゃいます。そういう方は、食べ残すことを避けたいと思うかたも多いようです。ご高齢のお客様には、「追加」ではなく「引き算」のおすすめも喜ばれます。

ご高齢のお客様の場合、注文を受けるときに確認したいことに、「量」の他に「硬さ」、「辛さ」もあります。

食パンより硬いフランスパンのサンドイッチになりますが、よろしいですか？
少し辛いお料理になりますが、よろしいでしょうか？

食べてみて、「こんなに硬いとは思わなかった」、「こんなに辛いとは思わなかった」ということがないように、注文を受けるときに確認をしましょう。

同様に、お酒を使ったケーキの注文を受けたときも、ブランデーやリキュールを使っていることを説明して確認をしましょう。

15 注文を受けるときに、「硬さ」や「辛さ」の確認を

16

注文を受けるときに、「切り分け」の提案を

ご高齢のお客様には、若者のように豪快にかぶりついて食べることができなかったり、ナイフで切りながら食べるのを億劫に感じる方は多いです。ですから、ボリュームのあるサンドイッチや、ナイフを使って食べる料理をご注文された場合は、

よろしければ、切り分けてお持ちすることもできますが

と、お尋ねしましょう。年寄扱いをしているわけではなく、そういう要望もあるので対応をしています、という言い方をしましょう。

17 注文を受けた後も、客席に注意を

ご高齢のお客様の場合、注文を受けて客席から離れて、オーダーを厨房に通した後も、客席を観察するようにしましょう。とくに女性のお客様に多いのですが、「やっぱり、こっちにしたい」とか、「これも一緒に注文したい」と、注文をした後に品を変更したいとか追加したいというお客様はいるのです。

手を上げても気づいてくれないのは、お客様にはストレスに感じます。「すいません」と声をかけるのも、お客様には勇気がいることなのです。手を上げたら、すぐに気づいてくれることが、ご高齢のお客様には、とくに好感接客になります。

18

提供した直後にも、気配りを

ご高齢のお客様に対しては、注文の品を提供したら、接客サービスはひと段落ではありません。お客様を観察するのは良くありませんが、提供したあと、食べにくそうにしていないか、なんか困った様子はないかを何気なくチェックするようにしましょう。困っている様子なら、たとえば、

取り皿をお持ちしましょうか？
お箸をお持ちしましょうか？

などと、お声がけします。お冷やの追加のついでに、さりげなく客席に近づいたことを装いながら、お声がけします。

ここから得た要望から、ご高齢のお客様に喜ばれるメニュー開発のヒントも得られるでしょう。

19

お味は、いかがでしたか？

ご高齢のお客様には、お会計のときに、とくに会話をするように意識しましょう。味の感想をお聞きしたり、食べた感想をお聞きするようにしましょう。

食べにくくなかったがですか？
お肉は硬くなかったたですか？
もう少し小さく切ったほうが良いでしょうか？

ご高齢のお客様にとって、お店の人との会話も、くつろぎの大切な要因なのです。お店のスタッフからお声がけすることで、会話がしやすくなりますので、お帰りの際にも、会話の場面を設けるようにしましょう。

もちろん、その会話の中から、もう少し小さめにカットしたほうがいいとか、ポーションを小さくしたほうがいいとか、いろいろなヒントをもらえますので、それをメニュー開発に反映させましょう。

20

お見送りも、ひと動作、ひと声を加えて

飲食店の接客サービスで、ご高齢のお客様には、ひと動作を加えて、もう一歩近づいて、お見送りもしましょう。

ご高齢のお客様には、ドアを開けてお見送りをする、店の外までご一緒してお見送りをする、という店もあります。

また、ご高齢のお客様には、

お忘れ物は、ございませんか?

とお声がけするようにしたり、雨の日に、

足元にご注意して、お帰り下さい

と、もうひと言添えてお見送りするようにします。

21 ご飯、少な目でよろしかったですか？

ご飯を少な目に要望された、フォークと一緒に箸を要望された、取り皿を要望されたなど、高齢者のお客様が要望されたお客様情報を大事にしましょう。

ご高齢のお客様は、2回目、3回目の来店でも、前に来店したことがあることを覚えてもらっていたことに感動をしてもらえます。

お客様から言われる前に、「ライスは少な目でよろしかったでしょうか？」と、言えるようにしましょう。なかなか頭で覚えるのは難しいですが、専用のノートを用意してメモしたり、書き留めて、それを定期的に見るようにするのが、いい覚え方です。

参考文献

月刊近代食堂(旭屋出版)

特集「この春から使える!　新手法がいっぱい!
販促・演出・サービス50」(2013年3月号)

特集「この接客がお客を増やす!威力ある〈気くばり&トーク〉集」
(2013年4月号)

特集「夏本番の接客サービス強化術」(2013年8月号)

特集「すごい店長のノウハウ大公開」(2013年10月号)

特集「人手を減らし、しかもお客に好評! 注目のセルフサービス工夫術」
(2013年11月号)

特集「いま、強い居酒屋は、こう作る」(2014年1月号)

特集「消費増税後もお客を呼び込む!効果大の新・販促アイデア集」
(2014年4月号)

特集「アルバイトがしっかり育つ!上手な教え方&威力のしくみ
実例大公開」(2014年5月号)

特集「いま売上好調店は、この〈新・魅力〉で大集客中!」
(2014年8月号)

特集「2014秋から年末に稼ぐ!増客・増売の狙い目はココだ!」
(2014年10月号)

特集「さぁ、来年のお客を作ろう!年末年始の即効販促&サービス50」
(2014年12月号)

月刊近代食堂（旭屋出版）

特集「あなたの店でも実践できる！保存版“おもてなし”の接客術
（2015年2月号）

特集「技アリの演出・サービス100」（2015年7月号）

特集「“できる店長”はコレをやる！」（2015年8月号）

特集「小さくても強い店になる秘訣」（2015年10月号）

特集「売上を増やす！“プラス注文”獲得術　実例50」
（2015年12月号）

特集「これからの時代に勝つ！繁盛店に聞く
〈居酒屋・バルの魅力づくり〉（2016年1月号）

特集「口コミを巻き起こす！メニュー・サービス・看板の新アイデア」
（2016年3月号）

特集「あの繁盛店の接客ワザ65」（2016年5月号）

特集「悪立地で大繁盛する理由」（2016年6月号）

特集「儲かる店になる〈体質改善〉成功法」（2017年2月号）

特集「敏腕店長を育てるコツ」（2017年8月号）

参考文献

特集「接客・宴会・衛生管理…年末年始の強化ポイント総点検」（2017年11月号）

特集「稼ぐ接客、守る接客」（2018年7月号）

特集「いまどきの従業員 やる気に火をつける秘訣」（2018年9月号）

特集「メニュー・販促・接客 今年はコレで勝つ!」（2018年11月号）

特集「2019年の繁盛プラン」（2019年1月号）

特集「人が集まる店、人が育つ店が、いま全力で取り組んでいること」（2019年4月号）

月刊カフェレス（旭屋出版）

特集「カフェ開業　わたしスタイル」（2018年8月号）

特集「小さくて魅力的なカフェを開く」（2018年12月号）

旭屋出版 飲食店専門書

いつもお客が集まる飲食店が実行している接客サービス（旭屋出版編集部編 旭屋出版）

カフェ・バッハの接客サービス（田口 護著 旭屋出版）

旭屋出版 飲食店専門書

人気BARの接客サービス(旭屋出版編集部編 旭屋出版)

わたしはヴァンドゥーズ(岩田知子著 旭屋出版)

バリスタ・バールマン教本(横山千尋著 旭屋出版)

実例 飲食店のすごい店長(近代食堂編集部編 旭屋出版)

すべて実例! 飲食店の販促アイデア200
(近代食堂編集部編 旭屋出版)

楽しく覚える 飲食店の接客サービス教本(赤土亮二著 旭屋出版)

接客力(近代食堂編集部編 旭屋出版)

接客サービス ハート・マニュアル(石川幸千代著 旭屋出版)

飲食を楽しくする プロの接客サービス帳(大田忠道著 旭屋出版)

飲食店の接客サービス 完全マニュアルBOOK
(赤土亮二著 旭屋出版)

飲食店のおもてなし接客サービス教本(赤土亮二著 旭屋出版)

参考文献

レストラン カフェ 売上げを伸ばす店長の法則
（永嶋万州彦著 旭屋出版）

繁盛飲食店の販促サービス140（イワサキ・ビーアイ著 旭屋出版）

50歳からはじめるカフェ経営（赤土亮二著 旭屋出版）

大田忠道の料理人道場（大田忠道著 旭屋出版）

参考図書

マスターソムリエ岡昌治の心に響くサービスの磨き方
（岡昌治著 ぱる出版）

シニア接客のルール（山岸和実著 明日香出版）

老人と生きる食事づくり（老人給食協力会〈ふきのとう〉編 晶文社）

老人解語（川﨑清嗣著 現代書林）

心がふれあう老人との接し方（枝見静樹著 中央法規出版）

「接客」にマネジメントのすべてが詰まっていた!!
飲食店の店長に読んでもらいたい
サービスのチカラ 店長マネジメント編
（遠山啓之著 外食産業新聞社）

基本＋αで身につける

飲食店の好感接客サービス教本

発行日　2019年5月24日　初版発行

編　者　月刊 近代食堂 編集部（げっかん　きんだいしょくどう　へんしゅうぶ）
発行者　早嶋　茂
制作者　永瀬正人
発行所　株式会社旭屋出版
東京都新宿区愛住町23－2
ベルックス新宿ビルⅡ 6階 〒160－0005

TEL 03－5369－6423（販売）
TEL 03－5369－6424（編集）
FAX03－5369－6431（販売）

旭屋出版ホームページ　http://www.asahiya-jp.com

郵便振替　00150－1－19572

◎編集　井上久尚
◎デザイン　冨川幸雄（Studio Freeway）

印刷・製本　株式会社シナノ

ISBN978－4－7511－1379－0　C2034